# 知识产权

## ⑤讲

刘倩秀　庞弘燊 ◎ 主编

上海交通大学出版社
SHANGHAI JIAO TONG UNIVERSITY PRESS

**内容提要**

本书的核心内容是让读者全面了解知识产权,围绕什么是知识产权、知识产权缘何重要、专利信息的检索、专利的申请和授权、专利的运营五部分内容来展开对于知识产权的介绍。

**图书在版编目(CIP)数据**

知识产权 5 讲/刘倩秀,庞弘燊主编. —上海:上海交通大学出版社,2024.6

ISBN 978 - 7 - 313 - 30526 - 8

Ⅰ.①知⋯  Ⅱ.①刘⋯②庞⋯  Ⅲ.①知识产权—研究—中国  Ⅳ.①D923.404

中国国家版本馆 CIP 数据核字(2024)第 067534 号

**知识产权 5 讲**

**ZHISHICHANQUAN 5 JIANG**

主  编:刘倩秀  庞弘燊

出版发行:上海交通大学出版社　　　　地　址:上海市番禺路 951 号

邮政编码:200030　　　　　　　　　　电　话:021 - 64071208

印　制:上海新艺印刷有限公司　　　经　销:全国新华书店

开　本:880mm×1230mm　1/32　　印　张:4.125

字　数:77 千字

版　次:2024 年 6 月第 1 版　　　　印　次:2024 年 6 月第 1 次印刷

书　号:ISBN 978 - 7 - 313 - 30526 - 8

定　价:58.00 元

# 编委会名单

**主编：** 刘倩秀　　庞弘燊

**参编：** 钟秀梅　　金银雪　　郭　晨　　徐筱淇

# 前　言 *

在当今这个飞速发展的知识经济时代,知识产权的地位愈发凸显,成为推动社会进步和经济发展的引擎。知识产权的保护成为支撑国家创新发展和企业竞争优势的关键因素。2015年,国务院颁布了《关于新形势下加快知识产权强国建设的若干意见》,高度评价知识产权的引领作用,并明确指出知识产权应为创新创业服务,为创新发展提供驱动力。知识产权是对智力活动和经营管理成果的合法权利,是保护科技创新的基本制度。2020年,习近平总书记强调知识产权保护的五大关系,强调其对国家治理、高质量发展、人民幸福、国家对外开放和国家安全的关键性作用。在国家层面,知识产权已经成为国家创新发展的重要支撑和保障。在企业和个人层面,知识产权的保护和运用也成了获取竞争优势和实现价值的重要手段。

知识产权意识,是对知识产权在全面建设小康社会和创新型国家过程中重要性的认识,是对知识产权在激励科技创新和

＊本书为国家社会科学基金一般项目"基于论文—专利交叉共现分析技术的基础—应用产业创新演化路径分析方法研究"(编号:19BTQ074)的研究成果之一。

鼓励科技运用中所具有的巨大作用的认识。根据 2019 年发布的《国家知识产权战略纲要》实施十年评估报告,超过六成的公众认为知识产权与自己的生活紧密相关,相比 5 年前提升了22.7%。87.7%的公众认为近 10 年来知识产权总体发展水平持续提升。社会公众对国家知识产权战略的认知率由 2008 年的 3.7%提升至 2018 年的 86.3%,显示出公众的知识产权意识不断增强。然而,对于许多人而言,知识产权仍是相对陌生的领域,亟须提供更加多元化、易懂的科普内容,以打破领域壁垒,让更多人参与和理解知识产权的重要性。为此,我们倾心编写了本书,以期为读者提供一把开启知识产权大门的钥匙。

编写本书的初衷是通过全面、系统地介绍知识产权的基本概念、保护方法、运用策略等方面的知识,助力读者更好地了解知识产权,提高知识产权保护和运用的意识和能力。同时,我们也希望通过本书的编写和推广,推动知识产权公共服务和科普行业的发展,提高社会对知识产权的关注度和重视程度。

本书分为五个章节,涵盖了知识产权的基本概念、保护方法、运用策略等方面的知识。各章节不仅提供理论知识,更包含丰富的案例和实际操作指南,力求帮助读者更深入、更全面地掌握知识产权的相关知识。通过阅读本书,读者将逐步了解知识产权的基本概念和重要性,掌握知识产权的保护方法和运用策略,为自己的创新和创意提供有力的保障和支持。

本书为广大读者提供了一个多维度的知识产权学习平台,

适用于中学生、大学生和普通公众,提供了多个学习场景。对于中学生,本书可作为知识产权的启蒙读物。通过生动的实例和易懂的语言,引导学生逐步了解专利、商标、著作权等知识产权的基本概念。此外,书中的案例分析和实际操作指南有助于激发学生的兴趣,培养他们对知识产权的认知。针对大学生,书中第四章和第五章将为其提供深入学习知识产权保护和运用策略的机会。这对于正在学习或将来希望从事相关行业的大学生而言,将是一份重要的指南参考。通过案例研究,他们可以更深入地理解知识产权在创新和竞争中的实际应用。对于公众,本书不仅是一本科普读物,也是一个深入了解知识产权的资源。科普内容和案例分析有助于公众更全面地认识知识产权的重要性,而丰富的实际操作指南则提供了实用的保护方法和运用策略。通过在不同群体中的灵活应用,本书将有助于提高社会对知识产权的认知水平,促进知识产权的更好保护和应用。

本书是深圳大学知识产权创新与情报信息素养科普基地的工作成果之一。习近平总书记曾强调科技创新和科学普及是实现创新发展的两翼,将科学普及放在与科技创新同等重要的位置。在此背景下,为提高全民科学素质,推进公共文化体系建设,树立为社会服务的理念,深圳大学知识产权创新与情报信息素养科普基地发挥图书馆自身优势和专长,积极参与和支持科普活动,以《中华人民共和国科学技术普及法》《全民科学素质行动规划纲要(2021—2035 年)》《中国科学技术协会事业发展"十四五"规划(2021—2025 年)》实施为指导,以科普信息化为核心,以科技创新为导向,搭建空间、资源、服务"三位一体"协同发展的立体科普框架,并于 2022 年获批广东省社会科学普及基地。

深圳大学知识产权创新与情报信息素养科普工作依托深圳大学图书馆(知识产权信息服务中心)形成融合知识产权创新与情报信息素养的双环绕型特色科普体系。围绕知识产权创造、运用、保护、管理和服务的全流程信息、服务模式,建立培训、竞赛、科普为一体的高校知识产权信息素养体系。充分利用校园环境,打造知识产权文化氛围的日常,坚持文化引领、创新驱动、内涵发展、需求至上,持续推进公共文化体系建设。

我们期望这本书能够产生以下效果:

1. 提高公众知识产权保护和运用的意识和能力:通过书中内容的深入剖析,读者能更全面地认识到知识产权的重要性,提升在实践中的保护和运用能力。

2. 推动社会对知识产权的关注度和重视程度:通过推广,唤起社会对知识产权的更高关注,推动相关政策和服务的改进,确保知识产权在社会发展中扮演更为重要的角色。

3. 促进知识产权公共服务和科普行业的发展:通过本书的推广,鼓励更多人投身知识产权公共服务和科普行业,为其发展添砖加瓦,满足社会对了解知识产权的多样需求。

最后，我们真诚希望通过本书，激发更多人对知识产权的兴趣，帮助他们更好地保护和运用自己的知识产权，为社会的进步和发展贡献自己的一份力量。让我们共同努力，为知识产权的保护与创新事业添砖加瓦，共同谱写知识经济时代的新篇章。

Contents

序 章

知识产权概述

在 2012 年伦敦奥运会开幕式的文艺表演中，一名坐在台式计算机前的中年男子轻敲键盘，打出了"This is for everyone"（这是为了所有人）这句直白却震撼人心的话。这个中年男人就是当时 57 岁的蒂姆·伯纳斯-李爵士（Tim Berners-Lee），他发明的万维网，让计算机网络在 20 世纪的最后 10 年里从军队、大学和科研院所走入寻常百姓之家，改变了千千万万普通人获取信息、购物、交流乃至恋爱的方式。

该技术一经推出，便受到了广泛关注。大型企业和政府机构都希望能将此技术用于自己的业务中。然而，伯纳斯-李并未将这项技术保密，而是选择将其公开，并免费向全世界分享。他认为，这项技术的价值在于连接人与人，而不仅仅是创造利润。这意味着他主动放弃了通过垄断万维网技术而成为巨富的机会，却也成功地避免了可能导致全球计算机网络分裂的商战。这个决定推动了互联网的开放和普及，成就了一个连接整个世界的数字化时代。

然而，当网络技术逐渐发展，网络环境变得越来越复杂，开始涉及各种各样的知识产权问题时，伯纳斯-李和他的团队开始意识到，如果他们最初对这项技术申请了专利，也许就能更好地保护这项技术，确保其初衷和原始的目标得以实现。

这个案例让我们认识到了知识产权的重要性。它不仅可以保护发明者的权益，也有助于推动创新的进步。那么，什么是知识产权呢？在我们的日常生活中，又如何应用和保护知识产权呢？在本书中，让我们一起走进知识产权的世界，探寻这些问题的答案。

知识产权是一种法律概念，指的是一种权利，这种权利赋予了创新者对其智力劳动成果的独立使用权。在一些方面，知识产权和其他财产权一样，都是保护所有者对其财产的使用、处置和转让权。然而，知识产权也有其独特性，它是对创新思维、创造性劳动和商业标识的保护，体现了人类劳动成果的非物质性。简单来说，如果你创作了一件作品，比如一首歌、一本书、一项发明，那么你拥有对这些作品的所有权，其他人如果要使用，需要得到你的许可。

知识产权不仅是法律概念，更是一种经济资源。在知识经济时代，知识产权成了企业乃至国家竞争力的重要组成部分。知识产权的保护，鼓励了科技进步和艺术创新，推动了经济社会的发展。不仅如此，知识产权还是创新者和创造者的权益保障，让创新、创造者可以通过法律手段保护智力劳动成果，得到应有的回报。然而，知识产权的保护并非一帆风顺。在现实生活中，侵犯知识产权的行为屡见不鲜。抄袭、盗版、假冒等行为严重损害了创新者和创造者的权益，也威胁到社会的创新环境和公正秩序。因此，每一个公民都应该认识到知识产权的重要性，尊重和保护知识产权。

在知识经济时代，知识产权更显得至关重要，它不仅是推动社会进步的动力，也是维护公平竞争的重要手段。每一位公民，都应该了解并尊重知识产权，共同维护一个公正、公平的创新环境。

知识产权保护的目的是鼓励创新和创作。创新和创作需要投入大量的时间和精力，如果创作者不能从中获得相应的回报，那么他们可能就不愿意去创作和创新。知识产权通过保护创作者的所有权，使他们可以从自己的创作和创新中获得经济利益，从而鼓励更多的人去创新和创作。

我们以"百度"和"谷歌"的商标权为例来具体说明。百度和谷歌都是全球知名的互联网搜索引擎公司，它们所使用的名字（即商标）在全球范围内具有极高的知名度。然而，如果没有商标权的保护，其他公司可能会未经授权地使用"百度""谷歌"等类似的名称来进行商业活动，这可能会导致消费者混淆，误认为这些公司是真正的百度或谷歌。这种情况对百度和谷歌来说，不仅会损害它们的声誉，还会削弱它们的市场地位。因此，百度和谷歌都通过注册商标的方式获得了对自己商标的专有权，这就是商标权。如果其他公司未经许可使用了它们的商标，它们可以通过法律手段来维护自己的权益。这个案例清楚地表明了知识产权在保护创作者的权益、鼓励创新、维护市场秩序等方面都发挥着重要的作用。

在生活中，知识产权无处不在，让我们一起来看看知识产权的三大主角：著作权、商标权和专利权。它们就像是这个世界的三个超级英雄，分别保护着我们的创新成果、品牌形象和独特发明。

# 著 作 权

著作权（又称版权）是一种法律保护，涵盖了文学、艺术和科学作品①。个体创作者或创作团队在创作歌曲或绘画等作品后，便获得了对其作品的控制权。这包括决定谁有权复制、展示或以其他方式使用他们的作品。如果你写了一首歌或者画了一幅画，那么你就有权决定谁可以复制或者公开展示你的作品。

以刘慈欣创作的《三体》为例，刘慈欣是这些书的原创作者，因此他拥有这些书籍的著作权。这意味着，未经他的许可，其他人不得擅自复制和销售这些书籍。这是一种法律保护，确保了创作者的权益，也确保了他们的作品不会被他人盗用或滥用。

---

① 中华人民共和国著作权法：https://www.gov.cn/guoqing/2021-10/29/content_5647633.htm

# 商 标 权

商标权是商标专用权的简称,是指商标主管机关依法授予商标所有人对其注册商标受国家法律保护的专有权,是一种用于区分商品或服务来源的法律概念①。拥有商标的个人或组织有权决定其他人是否可以使用相似或相同的标识来销售其商品或服务。当消费者看到一个特定的商标时,他们可以立即将其与特定的产品或服务联系起来,包括该商标所代表的质量和信誉。

以华为公司的商标为例,华为公司对其商标的独特形状和设计进行了商标注册,这意味着其他公司不能使用类似或相同的标志来销售自己的产品或服务。当消费者看到华为标志时,他们会立刻知道这是华为公司的产品,并对其产生信任和认可。

商标权是一种重要的知识产权,它能够确保企业对其商标进行专有使用,并防止其他公司未经授权地使用类似的商标来混淆消费者。通过商标权的保护,企业可以维护自己的品牌形象和市场地位,维护消费者利益,同时这也会鼓励其他企业进行

---

① 中华人民共和国商标法:https://www.gov.cn/jrzg/2013-08/30/content_2478110.htm

创新和创造,共同推动市场的发展和繁荣。

# 专 利 权

专利权是用于保护发明创造(发明、实用新型和外观设计)的法律概念①。当一个公司发明了具有创新性的产品或技术时,可以申请专利,从而获得一段时间内的独占权。这意味着,在专利有效期内,只有专利持有人有权生产和销售该发明。

以华为公司的 5G 技术为例。华为公司发明了一种具有创新性的 5G 技术,并成功申请了专利。这意味着,任何想要生产或销售采用该 5G 技术的产品的公司或个人,必须经过华为公司的许可,并可能需要支付相关费用。华为公司的 5G 技术是其核心竞争力之一,拥有这个技术的专利权为华为带来了重要的市场优势。在 5G 技术的研发和应用方面,华为公司投入了大量的人力和物力,并成功地获得了这一领域的专利权。这不仅保护了华为公司的创新成果,也确保了华为公司在 5G 技术领域的领先地位。

---

① 中华人民共和国专利法(2020 年修正):https://www.cnipa.gov.cn/art/2020/11/23/art_97_155167.html

以上这三种法律概念共同构成知识产权体系,为创作者和创新者提供了合法的保护和激励。那么,知识产权在我们生活中真的有那么重要吗?答案当然是肯定的。无数的例子证明,只有通过知识产权的保护,我们的创新才能得到回报,我们的品牌才能得到认可,我们的发明才能实现应有的价值。

让我们来看看以下真实案例,进一步了解知识产权的实际应用。

## 故事一 从"山寨"到创新——中国手机市场的转变

曾经,中国的手机市场以"山寨"手机为代表,频繁出现侵权、盗版等问题。然而,随着知识产权保护意识的提升和技术创新的推动,中国手机市场发生了巨大的转变。华为、小米、OPPO、VIVO 等中国品牌在短时间内崛起,不仅在国内市场取得成功,还开始占据全球市场。这些品牌逐渐摆脱"山寨"形象,通过自主研发和创新,获得了大量专利,并将其应用于高质量的产品中。这个转变不仅展现了中国企业的创新能力,也展示了中国在知识产权保护方面取得的进步。

## 故事二 杭州互联网法院的诞生

杭州,除了是宁静的江南水乡,还因其数字经济的发展而闻名。2017 年,中国在杭州设立了全球首家互联网法院,专门处理互联网领域的知识产权纠纷。这个法院的成立为互联网创新提供了更加稳定和可靠的法律保障。在这个法院的帮助下，许多创新者能够更加放心地投身于数字领域，因为他们知道自己的知识产权会得到更好的保护。

从手机产业的转型创新，再到设立互联网法院的重大举措，以上两个故事都体现了中国在保护知识产权和促进创新方面所做的努力。

近年来，中国在知识产权保护方面采取了一系列措施。例如，中国加强了知识产权法律的制定和实施，建立了完善的知识产权管理制度，加强了知识产权保护的力度，打击了侵犯知识产权的行为。中国还积极推动知识产权国际合作，加强与其他国家的交流与合作，共同打击跨国侵犯知识产权行为。此外，中国还通过制定《知识产权强国建设纲要（2021—2035 年）》①等政策文件，为知识产权领域的发展提供了指导和支持。中国在知识产权领域的国际影响力也在不断提升：不仅成功推动世界知识产权组织在中国设立办事处，近距离为中国用户提供国际体系相关服务，还加入了《工业品外观设计国际注册海牙协定》（简

---

① 中共中央、国务院印发《知识产权强国建设纲要（2021—2035 年）》：https://www.cnipa.gov.cn/art/2021/9/23/art_2742_170305.html

称《海牙协定》)[1]和《马拉喀什条约》[2]，成为知识产权国际规则的坚定维护者、重要参与者和积极建设者。

## 知识产权的发展史

知识产权的历史可以追溯到古代文明。然而，现代知识产权体系的形成经历了漫长而复杂的发展过程，主要包括著作权制度、商标制度和专利制度的建立与演进。

### 著作权制度的演变

在古代，许多文明都有一些形式的文化产权保护。古希腊和古罗马时期的一些法律和实践旨在保护作者、艺术家和学者的权益。随着印刷术的发明，书籍和文学作品的复制变得更加容易。为了保护作者的权益，各国纷纷制定了印刷特许权法。英国 1710 年颁布的《安妮法》被称为世界第一部版权法，并被称

① 《海牙协定》对工业品外观设计的国际注册作出规定。协定最早于 1925 年通过，有效地建立起一个使工业品外观设计以最少的手续在多个国家或地区取得保护的国际体系。

② 《马拉喀什条约》是迄今为止世界上唯一一部版权领域的人权条约，旨在通过版权限制与例外，为盲人、视力障碍者等阅读障碍者提供获得和利用作品的机会，从而保障其平等获取文化和教育的权利。条约于 2016 年 9 月 30 日生效，是缓解无障碍格式版作品稀缺问题，帮助解决全球阅读障碍者书荒问题的有力保障。

为现代法官与学者经常调用的体现著作权法的实用基础。① 法国在版权立法方面迈出了重要的一步。1793 年颁布的《作者权法》规定了作者享有对其作品的版权，并确立了版权的法律地位。② 这为后来版权制度的形成提供了先例。随着国际贸易的拓展，对国际版权保护的需求增加。1886 年，世界上第一个保护版权的国际公约《保护文学和艺术作品伯尔尼公约》在瑞士首都伯尔尼签署，规定了成员国对彼此作品的相互保护。这标志着国际版权体系的诞生。

### 商标制度的演进③

中世纪时期，商人开始使用个性化的商标标志来区分其产品。这些标志通常是图案或符号，用于标识商品的来源和质量。随着工业革命的兴起，商品生产和贸易的规模不断扩大。为了防止市场上出现混淆和欺诈行为，英国于 1875 年通过了第一部商标法——《英国商标注册法》，确立了对商标的注册和保护制度。随着国际贸易的增加，商标的跨国保护变得尤为重要。1883 年签订的《保护工业产权巴黎公约》首次提到了对商标的

---

① 成瑶：《英国第一部版权法影响探析》，《青春岁月》2017 年第 15 期，第 216 页。

② 赵世新：《国际著作权法律制度的改革》，北京法院网，2011 年。

③ 马秀荣：《世界商标法的发展》，北京法院网，2003 年：http://bjgy. bjcourt. gov. cn/article/detail/2003/12/id/823237. shtml.

国际保护原则,为未来国际商标体系的建立奠定了基础。后来的国际协定和组织进一步加强了对商标的全球性保护。

**专利制度的发展**①

早在公元前 500 年,古希腊时期,有人提出了一些与专利相似的概念,认为发明者应该得到一定的保护。古罗马时期也存在一些通过法律手段来保护发明的尝试。现代专利制度的雏形可以追溯到 17 世纪的英国。首部正式的专利法于 1624 年颁布,规定了对新发明的保护。这为其他国家的专利制度奠定了基础。随着法国和美国分别于 1791 年和 1793 年颁布了自己的专利法,专利制度逐渐在全球范围内扩展。这些法律为发明者提供了一定期限内对其发明的独占权。随着国际贸易的增加,对国际专利体系的需求逐渐增强。1883 年,《保护工业产权巴黎公约》确立了国际专利的原则,并奠定了后来国际专利体系的基础。此后,国际上的专利合作和协调不断加强,为全球专利制度的发展打下了坚实基础。

知识产权体系的演进是一个与社会、经济和技术发展相互关联的复杂过程。通过不断的法律和制度创新,知识产权体系逐渐形成,为创新和文化的繁荣提供了坚实的法律基础。

① 赵元果:《国外专利制度的产生和发展》,载《中国专利法的孕育与诞生》,知识产权出版社,2003 年。

## 知识产权的重要性

　　首先，我们来看看知识产权对于创新的影响。如果没有知识产权的保护，那么创新可能就会变得无足轻重。想象一下，你花费了大量时间和精力，甚至投入了巨额的资金，最终创造出了一项突破性的技术。然而，其他人却可以轻易地复制你的成果，甚至还可能因此获得商业利益。这样一来，创新的积极性就会大大降低，因为人们会认为创新没有回报。举个例子，华为作为全球知名的科技公司，对于创新的投入是巨大的。如果他们没有申请大量的专利，就无法保护自己的技术创新。而有了专利的保护，华为才可以确保自己的技术不会轻易被他人盗用，从而保障创新的价值。

　　其次，我们再来探讨一下知识产权对经济发展的影响。我们可以将知识产权视为一种资产，它的存在极大地推动了经济活动的发展。拥有知识产权的公司或个人可以通过授权或转让知识产权来获得经济利益，同时这也为其他公司或个人提供了合法使用这些知识产权的途径。以星巴克为例，他们拥有"星巴克"这个商标的权利，但也可以授权其他公司使用这个商标。这种授权行为，既可以为星巴克带来额外的收入，也同时让其他公司有机会合法地使用这个知名品牌，共同创造更多的商业价值。

　　最后，我们来看看知识产权对文化发展的影响。文化创作，如音乐、电影、书籍等，也是知识产权保护的范畴。保护文化创作的知识产权，不仅可以激励更多的文化创新，同时也是对创作者辛苦努力的肯定。以电影《阿凡达》为例，这部电影通过使用当时最前沿的电影技术，创造了一个令人惊叹的异世界。电影，影视作品的著作权由制片者享有，但编剧、导演、摄影及词曲作者享有署名权，并有权按照与制片者签订的合同获得报酬。如果没有著作权的保护，那么这部电影的制作团队就无法从电影中获得应有的回报，这无疑会打击他们的创作热情。

知识产权保护对于社会的创新、经济和文化发展都具有极其重要的作用。知识产权保护不仅仅是对创作者的尊重，更是激励创新的重要手段。没有知识产权保护，人们就没有足够的动力去创新，因为他们的努力可能会被别人轻易拿走。在这个知识经济时代，知识产权就像是一座金矿，它既能帮助创新者获得回报，也能推动社会进步。因此，我们每个人都应该深入理解知识产权的重要性，并且积极维护和尊重知识产权。

在全球化日益加剧的今天，知识产权的重要性已经不容忽视。无论是对个人创新者，还是对企业，乃至对整个社会和经济，知识产权都起着至关重要的作用。只有理解并尊重知识产权，才能在日新月异的创新潮流中立于不败之地。

本书的核心是让读者全面了解知识产权，将围绕着什么是知识产权、知识产权缘何重要、专利信息的检索、专利的申请与授权、专利的运营五个章节带大家了解知识产权。首先，我们会探讨"什么是知识产权",定义其概念,并详细解析其构成部分。接下来,我们会进一步阐述"知识产权缘何重要",阐释它在商业、科研、创新等多个领域中的核心地位,以及相关保护的重要性。进入第三个章节,我们会详细介绍"专利信息的检索"。这一章节将指导读者如何查找和解读专利,为后续的创新或是竞争分析提供参考。然后,我们会讲述"专利的申请与授权"的过程,包括如何提交申请、如何通过授权审核、获取专利权的一些技巧。在最后一个章节,我们将探讨"专利的运营",包括专利的转让、授权使用,以及如何将专利转化为商业价值。以上五个章节将全方位地帮助读者了解知识产权,从而更好地保护和利用自己的知识产权。

本书内容基于深圳大学国家知识产权信息服务中心(图书馆)、深圳大学知识产权创新与情报信息素养科普基地的科学普及项目。深圳大学知识产权创新与情报信息素养科普基地作为广东省标准型社会科学普及基地,依托深圳大学国家知识产权信息服务中心(图书馆)的资源与平台,围绕知识产权创新、情报信息素养等主题,长期致力于推进知识产权的科普和普及工作,让更多的人受益于知识产权的保护和运用。

回到我们的主题,在开启我们的知识产权探索旅程之前,先来认识一位小伙伴吧。

喵呜，大家好呀，初次见面！我是深知喵，深圳大学国家知识产权信息服务中心的吉祥物，也是大家的知识产权引路人。我的使命是帮助大家更好地了解知识产权，提供信息服务和支持，让大家能够更好地保护和运用自己的知识产权。

同时，我也是深圳大学知识产权创新与情报信息素养科普基地的重要一员。我们依托图书馆各部门和知识产权信息服务中心，主要围绕知识产权创新、情报信息素养等主题，开展各种科普活动，以让大家更好地了解知识产权在各个领域中的应用和价值。

我想要邀请大家一起走进一个神奇的世界——知识产权的世界。这里充满了创意和创新，有的时候还会有一些热闹的争论和辩论。但是不管怎样，这都是属于我们每一个人的世界。因为，只要你有创新，有创意，就可以在这个世界中找到属于你的一片天地。

第一章

什么是知识产权

这一章中,我们先回答一个最基本的问题:什么是知识产权?

知识产权(Intellectual Property,IP),是一种无形产权,它是指智力创造性劳动取得的成果,并且是由智力劳动者对其成果依法享有的一种权利。根据世界知识产权组织(World Intellectual Property Organization,WIPO)的定义,知识产权是指"智力创造成果","是知识的创造者和创新者获得和利用其创意成果的权利"。[①] 这一定义涵盖了知识产权的本质,即保护创意和智力成果,确保创作者和创新者得到公平的回报,从而激励更多的创新和创造活动。

我们在校园里学习,积累了大量的知识,那么是否想过这些知识也是一种财富呢? 这就是知识产权的意义所在——将知识视为一种财富,并且这种财富是受到法律保护的。在当今知识经济时代,知识的创造、传播和保护变得愈发重要。随着科技的迅速发展和全球化的加速推进,知识产权作为保护创新和知识创造的关键机制,引起了广泛的关注和讨论。正如美国作家尼

①  世界知识产权组织关于知识产权的解释:https://www. wipo. int/about-ip/zh/

尔·波兹曼(Neil Postman)①所言:"我们生活在一个知识和信息的社会,一个没有知识产权的社会是不可想象的。"

那么知识产权都包括哪些呢?

我们先来看看最常见的三种,也就是著作权、商标权和专利权。

让我们从著作权开始。大家一定都读过各种书,看过电影,玩过电脑游戏。这些都是创作者的精神产物,他们的创作灵感和努力都融入其中。为了保护他们的成果不被随意复制或者使用,法律赋予他们著作权。有了著作权,作者就可以对作品进行控制,决定谁可以复制、分发或者改编他们的作品。

再来看看商标。大家一定都买过各种品牌的商品,那些独特的标志、图形或者名字,就是这些公司的商标。商标给了公司一种独特的标识,使消费者能够一眼就认出他们的产品。同样,商标也是受法律保护的。没有商标拥有者的许可,其他人不能使用同样的或者类似的标志来销售商品,这样就保护了商标拥有者的权益。

最后,我们来聊聊专利。大家或许都见过各种各样的发明,像是手机、电视、电脑等等。这些都是由科学家和工程师们发明

---

① 尼尔·波兹曼(1931—2003),媒体文化研究者和批评家,媒介环境学派(纽约学派)代表人物,在纽约大学首创了媒体生态学专业,其代表作为《娱乐至死》《童年的消逝》《技术垄断》,这三部作品在学术界被称为"媒介批评三部曲",其一以贯之的主题是检讨技术对人类社会生活、文化、制度的负面影响。

的。他们把自己的创新思维付诸现实，为我们的生活带来便利。那么要如何保护这些发明不被他人"盗用"呢？答案就是专利。一旦发明被授予专利，其他人就不能在没有许可的情况下复制这个发明。这就是专利保护的力量。

## 多起知名侵权案揭示文化产业纠纷风险

随着网络技术的迅猛发展，网络文学迎来了繁荣季，尤其是IP剧的涌现，推动了"文学-影视-音乐-游戏"等多元化IP产业链的形成。然而，在这一繁荣背后，也出现了一系列备受关注的版权之争案例，涉及影视、小说等多种表现形式。

### 案情一　电影盗版制售

2016年6月至2019年2月，马某予、马某松等人在江苏省扬州市非法获取电影母盘和密钥，利用高清设备翻拍、复制多部电影，包括《流浪地球》《疯狂的外星人》等，然后销售给"影吧"经营者牟取不正当利益。江苏省扬州市中级人民法院判决认定四被告人侵犯著作权罪，判处有期徒刑四年至六年，并处罚金人民币60万元至550万元。

### 案情二　创作权属侵权纠纷

余某竹因电影《芳华》与其小说《盛开的野百合》的相似性提

起诉讼,法院认定两者在具体题材、故事脉络、主题上存在差异,判决驳回其全部诉讼请求,经二审维持原判。

## 案情三　陈喆(琼瑶)诉余征(于正)侵害著作权

琼瑶指控于正编剧的电视剧《宫锁连城》侵犯其作品《梅花烙》的著作权。一审法院判决于正等人赔偿 500 万元并公开赔礼道歉,于正方提起上诉。二审法院维持原判,认定于正擅自采用琼瑶的独创性表达构成著作权侵权。于正方未履行判决内容,法院进行了强制执行。

## 案情四　人人影视字幕组非法经营

自 2018 年起,梁某平指使他人开发、运营"人人影视字幕组"网站及客户端,下载未经授权的影视作品,并翻译、制作、上传至相关服务器,通过该网站及客户端非法提供在线观看和下载。上海市第三中级人民法院认定梁某平侵犯著作权罪,判处有期徒刑三年六个月,并处罚金人民币 150 万元,追缴违法所得。

## 案情五　葫芦娃方言版著作权侵权

重庆云媒信息科技有限公司等在动画片《葫芦兄弟》基础上制作《葫芦娃方言版》短视频,将普通话替换为川渝方言,更改对话内容,并在网络平台广泛传播。重庆市第五中级人民法院认定其构成著作权侵权,判决停止侵权行为,刊登声明消除影响,并共同赔偿经济损失。

以上五个案例反映了文化产业在知识产权保护方面面临的挑战,也提醒相关企业和个人要谨慎遵守法规,避免侵权行为。在数字化时代,保护知识产权不仅关系到企业的创新和发展,也关系到文化产业的良性健康发展。

知识产权像一枚盾牌,保护你的智慧结晶不被侵犯。它并不是对实物的权利,而是对创新思想和创意的权利。知识产权不仅在法律上受到保护,而且在全球范围内都得到了认可。许多国际组织,如世界知识产权组织(WIPO)和世界贸易组织(World Trade Organization,WTO),都在积极推动知识产权的保护。

但是,知识产权的世界并不只有冰冷的法律和规定,它充满了生活的气息和人性的光辉。每一项创新的技术,每一首动人的诗歌,每一部引人深思的电影,都是人类智慧的结晶,也都是知识产权保护的对象。它们诉说着人性的多样性,展现着人类的创新精神。知识产权,就是对这些创新成果的认可和保护,是对人性光辉的尊重。

知识产权让每一位创新者,无论是科研人员、作家、艺术家,还是普通公民,都可以安心地投入创新创作中,因为他们知道,自己的努力成果不会被轻易地剽窃或侵犯。同时,知识产权也体现了公平和正义。在知识产权的保护下,每个人都有机会公平地享受到创新带来的果实,同时也必须尊重他人的创新成果。它不仅激发了我们的创新欲望,更维护了社会的公平和正义,让人性的光辉在每一个创新的火花中闪耀。

## 小嘉的创新故事

在创新园的角落,大学生小嘉正举着自己新研发的产品。他站在桌子上,兴奋地大声宣布:"这是我新研发的网红产品,它一定会成为爆款!"

　　然而,小嘉的同学喵酱看到桌上散落的各种网络图片和他人的产品后,有些担忧。他走到小嘉的桌边说:"你这样做会侵犯到他人的知识产权。"

　　小嘉很不服气:"我的新产品里也有自己的智慧,怎么能算侵犯了他人的知识产权呢?"

 **喵酱课堂**

　　知识产权是一种无形产权,它是指智力创造性劳动取得的成果,并且是由智力劳动者对其成果依法享有的一种权利。

　　知识产权的对象是人的心智、人的智力的创造,属于"智力成果权"，它是指在科学、技术、文化、艺术领域从事一切智力活动而创造的精神财富依法所享有的权利。

《中华人民共和国民法典》中明确写道：知识产权是权利人依法就以下客体享有的专有的权利：作品，发明、实用

新型、外观设计，商标，地理标志，商业秘密，集成电路布图设计，植物新品种及法律规定的其他客体。而其中最主要的三种知识产权是著作权、专利权和商标权，其中专利权与商标权也被统称为工业产权。

（一）作品；
（二）发明、实用新型、外观设计；
（三）商标；
（四）地理标志；
（五）商业秘密；
（六）集成电路布图设计；
（七）植物新品种；
（八）法律规定的其他客体。

著作权　　专利权　　商标权

小嘉研发的新品在发明、实用新型和外观设计上都与别人"撞车"了。

专利分为发明专利、实用新型专利、外观设计专利。发明专利是指技术含量最高,发明人所花费的创造性劳动最多。对产品、方法或者其改进所提出的新的技术方案,都可以申请该专利。

**发明专利(Invention Patent):**

保护范围:主要保护新的、有创造性的技术发明,如新产品、新方法、新工艺等。

申请要求:发明专利的要求相对严格,申请人需要提交详细的技术描述、权利要求以及可能的图纸和示例。申请需要经过实质审查,以确保专利具有新颖性、创造性和实用性。

保护期限:发明专利的保护期限通常较长,一般为 20 年。

**实用新型专利(Utility Model Patent):**

保护范围:实用新型专利主要保护产品的实用性改进,即对现有产品进行改良,使其更实用、更方便。它不仅可以涉及产品的结构、构造,还包括产品的形状、组合等方面。

申请要求：实用新型专利的申请要求较发明专利宽松。申请人需要提供技术描述、权利要求，但不需要经过与发明专利一样的严格实质审查。

保护期限：实用新型专利的保护期限较短，一般为10年。

## 外观设计专利（Design Patent）：

保护范围：外观设计专利保护产品的外观和造型方面的创新，包括产品的形状、纹理、颜色、图案等。它强调产品的审美特征。

申请要求：外观设计专利申请要求相对简化，申请人需要提交产品的外观图样以及适当的说明。类似于实用新型专利，外观设计专利的审查主要关注形式审查，而不涉及实质审查。

保护期限：外观设计专利的保护期限通常较短，一般为10年。

比如，自热火锅内部的防烫伤设计结构，涉及实用新型专利。实用新型专利适用于对现有产品进行一定程度技术改进，但必须涉及产品的构造、形状或者二者的结合。而自热火锅上的图案又涉及外观设计专利。外观设计专利，顾名思义，只要涉及产品的形状、图案或者其结合以及色彩与形状、图案的结合，

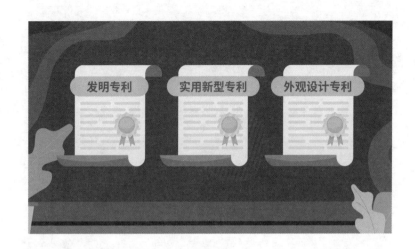

富有美感,并适用于工业上应用的新设计,就可以申请外观设计专利。但需要注意的是,平面印刷品的图案、色彩或者二者的结合做出的主要起标识作用的设计不能申请外观设计专利。

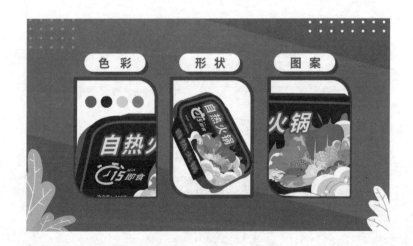

在发明专利申请过程中有"实质审查"环节,这个环节中,专利审查员将会查阅全世界的技术文献和已有的专利技术,审阅专利是否具有独创性、实用性等。小嘉的设计中就牵扯到了多方面的专利问题,而专利又具有独占性、地域性和时间性的特点。

1. 独占性:专利授予专利权人在一定时间内对其发明、创新或设计的独占权。这意味着未经专利权人许可,他人不能制造、使用、销售该专利产品,也不能使用该专利方法。这种独占性鼓励创新,为专利权人提供了经济回报,但也可能限制了竞争。

2. 地域性:专利权在授权的国家或地区内有效,不具有跨国界效力。每个国家有自己的专利法规和授权程序,所以专利在一个国家获得授权,并不代表在其他国家也自动有效。专利权人可以根据需要在多个国家申请专利,但需遵循各国不同的法规和程序。

3. 时间性:专利不是永久的,它具有一定的有效期限。发明专利的有效期一般为 20 年,实用新型专利和外观设计专利的有效期为 10 年。一旦专利权的期限届满,专利权将自动终止,相关技术或设计进入公共领域,变得不再受专利保护。

此外,专利权的持续有效还有赖于专利权人的积极维护。专利权人在专利被授权后,需要按照规定缴纳年费。如果未及时缴纳年费,专利权可能会被宣告无效,使得相关技术或设计失

去保护。

小嘉要确保自己的发明不侵犯他人专利权,有多种可行的办法。首先,他可以主动与现有专利的持有者进行授权合作,以避免潜在的侵权问题。这样的合作不仅能规避法律纠纷,还能借助专利持有者的专业知识和资源,推动自己的创意更进一步。

其次,小嘉可以通过改进自己的产品来避免侵权。他需要深入研究现有的专利文献,仔细分析技术细节和创新要点,以尽量避开他人的专利范围。通过对现有技术的深刻了解,他有望在不触及他人专利的前提下,为自己的产品增添独特的价值和竞争优势。

最后,小嘉还可以寻求专业的知识产权咨询,咨询专利法律顾问或知识产权专家等专业人士的意见。这有助于确保他的发明得到合理的保护。通过专业咨询,小嘉能够更全面地了解相关法规和程序,避免在知识产权领域犯错,为自己的创意建立坚实的法律基础。这种谨慎的做法能够帮助小嘉在发明的过程中避免潜在的法律风险,确保他的创意得到充分的合法保护。

请记住,每一个想法、发明和创作,都值得我们去尊重和保护。希望大家在了解了知识产权之后,能更好地保护自己的创新成果,同时也尊重他人的创新成果。让我们一起,在知识产权的保护下,创新无限,梦想无边!

 **喵酱知识点小结**

❶ 知识产权的定义:知识产权是一种无形产权,它是指智力创造性劳动取得的成果,并且是由智力劳动者对其成果依法享有的一种权利。主要包括著作权、专利权和商标权等。

❷ 知识产权的种类:主要的知识产权种类包括著作权、专利权和商标权。著作权涵盖文学、艺术作品,专利权涵盖发明、实用新型和外观设计,商标权涵盖商品和服务的标识。

❸ 专利的类型:专利分为发明专利、实用新型专利和外观设计专利。发明专利保护创新性的技术方案,实用新型专利保护产品的结构或形状的改进,外观设计专利保护产品的外观图案。

❹ 专利申请和审查:申请专利需要提交详细的专利申请文件,其中包括技术描述和相关图纸。专利审查员会对申请进行

实质审查,判断其是否具有创新性和实用性。

❺ 专利的特点:具有地域性,独占性和时间性。独占性:获得专利后,专利权人可以独占该项技术一段时间。时间性:发明专利期限为 20 年,实用新型和外观设计专利期限为 10 年。地域性:知识产权是地域性的,一个国家颁发的专利只在该国有效。要在多个国家保护知识产权,需要分别申请。

第二章

知识产权缘何重要

在当今全球化的时代，知识产权成了无形资产和核心竞争力的关键要素。其重要性在许多方面得到显现。首先，知识产权是一种财产权。这个权利保护创作者、发明家和商人的知识成果不被侵犯。它可以是一种商标，一个独特的设计，一种新技术或者是一部作品，包括但不限于专利、商标、著作权、商业秘密等。知识产权保护了个人和企业的努力成果，使得他们对自己的成果具有排他性使用权。

其次，知识产权鼓励创新和创造性思维。如果没有知识产权保护，任何人都可以随意复制和使用他人的创新成果，这将严重打击创新者的积极性。知识产权保护让创新者知道他们的创新成果不会被盗用，从而增强他们对创新的投入。此外，知识产权的保护也可以使创新者通过将其创新成果进行商业化运作来获取经济回报，从而进一步激发创新的热情。

再次，知识产权保护可以促进经济发展。知识产权作为无形资产，可以转让、许可使用或者担保，进而创造经济价值。有了知识产权保护，企业更愿意投资研发，因为他们知道自己的创新成果受到保护，可以带来经济收益。这将推动企业增加研发投入，增加产品种类，提高产品质量，推动经济发展。同时，知识产权也有助于社会公正。一方面，通过知识产权保护，可以确保创新者对其劳动成果的独立支配权,体现了劳动者应得的社会地位和尊严。另一方面,知识产权保护也可以防止市场的不正当竞争行为,比如抄袭和模仿,保护商家和消费者的权益。

由此可见,知识产权的存在和保护不仅是企业创新和竞争的关键,也为经济发展和社会公正提供了有力支持。

让我们通过一些深入的讨论和案例分析,来揭示知识产权背后更广泛的意义。

### 案例一 作家通过著作权保护自己的作品

J. K. 罗琳的《哈利·波特》系列是全球畅销书,这些书的著作权都属于罗琳。这意味着,如果其他人或者公司想要出版或者改编这些书,都需要得到罗琳的许可,否则就构成著作权侵权。这样,罗琳不仅可以通过著作权保护自己的创作,还可以通过转让著作权或者授权他人使用著作权来获得收入。比如,罗琳授权华纳兄弟公司将《哈利·波特》改编成电影,而华纳兄弟公司需要支付一定的著作权费用给罗琳。通过著作权的保护,罗琳不仅确保了自己创作的独特性,还可以通过授权他人使用著作权来获取经济回报。

### 案例二 商标权的实际应用

以中国的海尔集团为例,海尔集团的商标"海尔"及其特有的标志和字体都被海尔公司注册为商标,受到法律保护。这意味着其他公司不能使用"海尔"或者与其相似的名字、标志来销售他们的产品,否则就构成商标侵权。通过商标权的保护,海尔公司确保了其品牌在市场上的独特性,维护了市场份额和品牌形象。同时,海尔公司还通过授权其他公司使用其商标来生产相关产品,获取一定的商标使用费用。

**案例三** 一家公司因拥有某项专利技术而获得市场优势

以中国的科技公司华为为例,华为凭借其强大的研发实力和创新技术,在手机市场上占据了重要的地位。截至 2022 年底,全球持有有效授权专利超 12 万件[①],这些专利技术的拥有为华为提供了市场优势。其他手机制造商想要在市场上与华为竞争,必须获得华为的许可或找到其他解决方案,这使得华为在市场上保持了领先地位。这个案例展示了国内企业如何通过专利技术的保护来确保市场份额和创新领导地位。

以上案例充分展示了知识产权的重要性。知识产权的重要性不仅体现在保护创作者的权益上,更深远的影响在于对社会、经济以及文化发展的推动。

---

① 来源:《华为创新与知识产权》,http://www.huawei.com/cn/ipr.

## 申请专利，有必要吗？

  小嘉是个聪明热心的青年，他的创业梦想就是打造一款独创的特色美食产品。这天，他在纸上设计新产品包装时，心中突然涌起一个疑问。他抬起头，用好奇的眼神望向喵酱，问道："文化不是用来交流的吗？那为什么要申请专利？"

  喵酱微笑着回答："小嘉，专利和文化确实都与创新和交流有关，但它们有着不同的角色和目标。文化是人类创造的精神财富，通过交流传递，促进着社会的发展。而专利，则是一种法律工具，旨在保护创新者的权益，激励他们持续创造。"

他继续解释："想象一下，如果你研发出一种独特的美食配方，通过申请专利，你就能确保其他人不会未经授权地复制或仿制你的创意。这为你的创业提供了保障，让你在市场上保持竞争优势。专利不仅是一种对创新的奖励，也是鼓励创业者不断追求卓越的动力。"

小嘉眉头微皱，思考着这番话语的深意。喵酱继续分享："此外，专利制度也促进了知识的分享。当你申请专利时，需要向专利局公开详细的技术信息。这使得其他人可以学习和借鉴你的经验，推动整个社会科技水平的提升。"

小嘉点了点头，开始逐渐理解专利在创业中的价值。他决心在打造特色美食的道路上，充分利用知识产权工具，保护自己的创意，也为社会的创新进步贡献一份力量。

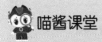 喵酱课堂

　　申请专利是一项关键举措，不仅能够确保个人或团队的创新成果得到充分的保护，还有助于科技进步和经济繁荣的实现。这个过程为创新者提供了强有力的法律保障，

既防止了科研成果流失,也为科技领域的进步与社会发展创造了良好的环境。

申请专利能够为创新者提供一种强大的法律保护机制,确保其发明成果不被他人侵权。专利授予了发明者在一定时间内对其创意的独占权,这意味着其他人未经许可不能在相同领域内制造、销售或使用类似的产品或方法。这不仅保护了创新者的劳动成果,还鼓励更多人积极投入创新活动,因为他们知道自己的创意会受到法律的保护。

申请专利有助于推动科技进步。通过为创新提供经济激励,专利制度鼓励人们投入更多资源和时间进行研究与开发。在这种环境下,科研者更有动力探索新领域、挑战技术难题,推动技术的不断创新与进步。专利的存在促进了知识的分享与交流,创造了一个积极的科技生态系统,推动整个社会的前进。

申请专利也对经济发展产生积极影响。创新带来新技术、新产品,创造了市场需求和商业机会。通过申请专利,创新者能够在市场上占据一定的竞争优势,从而实现经济利益。此外,专利的存在也会吸引投资者的目光,他们更愿意投资于拥有创新技术和强有力知识产权保护的项目,这进一步推动了创新与经济的良性循环。

总之，申请专利不仅仅是创新者的需要，也是科技进步和社会经济发展的关键因素之一。这一步骤不仅保护了创新成果，还为社会创造了创新生态，推动了科技的蓬勃发展，为经济繁荣奠定了坚实的基础。因此，鼓励并支持创新者申请专利，有助于构建一个创新驱动的未来。

发明成果

对于企业而言，通过申请专利可以实现多方面的利益，从市场竞争到品牌建设，以及政策支持等方面都能获得积极的影响。

首先，专利申请使企业能够在市场上建立起一道坚实的壁垒。技术或产品拥有专利意味着其他竞争者无法随意模仿或复制，从而帮助企业在特定领域获得市场的独占地位。这种独特性有助于企业吸引客户，保持客户忠诚度，并为企业带来稳定的收入。

其次，申请专利技术有助于企业实施所谓的"跑马圈地"战略。企业可以在特定领域内取得多个关键性专利，从而形成技术壁垒，限制其他竞争者进入市场。这种策略可以为企业创造更长期的市场优势，提供更多的商业机会。同时，申请专利有助于提升企业的知名度和品牌价值。作为创新的象征，专利证明了企业在技术和研发方面的能力。这不仅增加了企业在业界和消费者心目中的信任度，还有助于塑造企业作为市场领导者的形象，从而为企业开拓更大的市场份额。

再次，专利申请还使企业能够享受到一系列政策支持和激励措施。许多国家和地区为鼓励创新而出台了税收减免、创新奖励、扶持资金等政策，这些政策可帮助企业减轻负担，促进更多的技术创新和研发活动。此外，一些国家还为持有

专利的企业提供贴息贷款等金融支持,以便它们更好地推进创新项目。

　　因此,企业在创新过程中积极申请专利,不仅能够保护自身的创新成果,还能够在商业上获得持久的优势。

对于个人而言,申请专利也有诸多好处。首先,对大学生而言,申请专利是一种增加保研分数的有力途径。在竞争激烈的保研选拔中,专利是很多高校认可的加分项,拥有专利证明了个人的创新能力和学术实力,能够在申请材料中起到加分作用。这可以帮助申请者在众多竞争者中脱颖而出,提高被录取的概率。研究生也可以通过申请专利来争取奖学金等学术奖励。专利作为创新成果的标志,被视为高水平研究的证明。因此,申请专利能够增加研究生在学术评选中的竞争力,为其赢得奖学金、科研基金等荣誉和资金支持提供有力支持。

在科研项目结项阶段,申请专利也常常成为必备步骤。这不仅能够确保项目成果的独特性,还有助于将研究成果转化为实际应用,为社会创造价值。政府部门、科研机构和企业对项目结项申请专利往往给予重视,因为专利的存在为产业化提供了基础。

此外,技术性岗位的工作人员通过申请专利还可以在职称评审中获得加分。拥有专利证明了个人在相关领域的专业技能和贡献,这在职业发展过程中具有积极影响。申请专利不仅为个人的工作成果提供了外在认可,也为职业晋升创造了有利条件。

无论是学生还是职场人士,都能够通过申请专利来展示自己的创新能力和实力,从而在各个领域取得更多的机会和成就。

　　同时，申请专利的流程并不像想象中那么复杂。基本的流程是将申请文件递交至专利局或地方代办处，并缴纳相应的申请费用。这些文件通常包括发明或创新的详细说明、技术领域背景、实施方法等内容。一旦申请递交，专利局会进行审查，验证该申请是否符合专利法规定。如果审核通过，申请人就会被授予专利权，获得独占权。

　　此外，申请者还可以选择委托专利代理机构来进行申请。专利代理机构是专业的中介机构，熟悉专利申请的流程和法规，可以为申请人提供全面的指导和支持。他们能够帮助整理申请文件、撰写技术说明，与专利局沟通，从而提高申请的成功率。对于不熟悉专利法律和申请程序的个人和企业，委托专利代理机构是一个高效的选择。

知识产权 5 讲

　　无论是创新的科研成果还是创意的文学艺术作品，它们都是智力的结晶，蕴含了创作者的心血和独特见解。知识产权为这些创意提供了法律上的保护，确保创作者能够在一定时间内独享权益，防止他人未经许可侵犯。这不仅使创作者

能够从中获得应有的经济回报，也鼓励他们继续投入创意和创新的过程。这一制度的核心目标之一是促进创意与创新的"成果转化"，将创意转变为实际价值，从而助推社会的进步和繁荣。

科技成果转化是将科研成果、技术创新等转变为具有商业或社会价值的实际应用的过程。这个过程涉及从研发、实验室阶段到商业化和市场推广阶段的多个环节，旨在将科学知识转化为实际产品、服务或解决方案，从而推动经济和社会的发展。

科技成果转化的过程通常包括以下几个阶段：

1. 研发阶段：这是科技成果转化的起点，研究人员、科学家和工程师在实验室中进行研发和创新，探索新的科学知识、技术方法或产品概念。

2. 技术验证:在研发完成后,科技成果需要经过技术验证,以确保其可行性和实用性。这可能包括实验室测试、原型制作和实地验证等。

3. 知识产权保护:在转化过程中,保护知识产权非常重要,尤其是通过申请专利来保护发明、创新等。知识产权保护可以鼓励创新者分享他们的成果,同时也为他们提供了商业化的保障。

4. 商业化策略:确定如何将科技成果转化为商业产品或服务的策略是关键一步。这可能涉及市场调研、商业模式的选择、营销计划等。

5. 产业化和生产:一旦确定商业化策略,就需要进行产业化和生产。这可能包括扩大规模生产、制造原型、开发供应链等。

6. 市场推广:将产业化的产品或服务引入市场,进行营销推广,吸引客户并实现商业价值。

7. 商业合作和投资:科技成果转化可能需要吸引投资、建立合作伙伴关系,以获得资金、资源和市场渠道的支持。

8. 监测和改进:对于转化后的产品,应在市场上持续监测其表现,以便根据市场反馈进行调整和改进。

让我们看一个科技成果转化的实际案例:

# 无人机农业应用

在研发阶段,科学家和工程师开发了一种先进的农业用无人机技术,该技术能够在农田中进行高效的植物监测和施肥。技术验证显示,该无人机系统可以准确识别植物健康状况,根据需要喷洒肥料。为了保护这项技术,研发团队申请了发明专利。随后,他们制定了商业化策略,决定将无人机系统推广到农业市场。他们与农场主合作,进行了实地测试和验证。

在产业化和生产阶段,他们开始扩大生产规模,并建立了供应链以确保无人机的制造和交付。在市场推广阶段,研发团队与农业合作社建立合作伙伴关系,推广无人机技术。他们通过展会、培训和演示向潜在客户展示该技术的效益。这个过程吸引了农场主的兴趣,让他们看到了使用无人机改进农业生产的机会。

最终,该技术得到了投资者的关注,一家农业技术公司投资了该项目,为其提供了资金和市场渠道的支持。无人机农业应用逐渐在农业领域取得成功,不仅提高了农作物产量和质量,还降低了资源成本。这个案例展示了科技成果转化的全过程,从研发和创新,到知识产权保护、商业化策略、产业化和生产,最终实现了市场推广和商业成功。

简而言之,科技成果转化是指为提高生产力水平而对科技成果进行后续试验、开发、应用、推广,直至形成新技术、新工艺、新材料、新产品,发展新产业等。"转"是科技成果所有权和使用权的转移,"化"是科技成果不断具体化、产品化、商品化与产业化的过程。

科技成果转化不仅仅是将理论与实践相结合,更是将科技创新转变为对社会和经济有实际价值的成果。这包括将研究成果投入实际应用、推动新技术及新工艺在市场上的落地,引领新产品、新材料的开发。整个过程涵盖了科技成果的演进和深化,从抽象概念逐渐走向具体实用,最终对社会产生积极而实质性的影响。

科技成果的"转化"不仅是一种技术和知识的过渡,更是一个推动经济增长、促使社会发展的关键环节。通过科技成果的"化"，我们不仅能够创造新的市场机会，还能够提高生产效率、优化资源利用，从而推动科技创新成果更广泛地造福社会。

这就是知识产权的力量，它不仅保护了创新者的权益，也催生了无数创新的科技成果，推动了社会的进步和经济的发展。希望更多的人能理解并认识到知识产权的重要性，为自己的创新成果加上一道坚实的保护屏障，走上成功的道路。

 喵酱知识点小结

知识产权的重要性可以从以下几个方面进行简单总结：

❶ 财产权保护：知识产权是一种财产权，与其他财产权一样，受到法律保护，其保护创作者、发明家和商人的知识成果不被侵犯，确保个人和企业对自己的成果具有排他性使用权。

❷ 创新激励：知识产权鼓励创新和创造性思维。通过保护创新成果，创新者就不会担心成果被侵犯，这增强了他们的投入和积极性，推动持续创新。

❸ 经济价值：知识产权作为无形资产，可以转让、许可使用或担保，创造经济价值。企业愿意投资研发，是因为知识产权保护确保了其创新成果受到保护，会带来经济回报，促进发展。

❹ 竞争优势：企业可以通过专利保护独占市场，防止其他人模仿其新技术和产品。知识产权保护有助于企业保持竞争优

势,推动市场竞争。

❺ 社会公正:知识产权保护有助于维护创新者的独立支配权,防止市场的不正当竞争行为,保护企业和消费者权益,维护社会公正。

❻ 创新生态:知识产权保护构建了创新生态,创新者有机会将创新成果商业化运作,推动技术进步和社会发展。

❼ 科技成果转化:推动将科研成果、技术创新等转变为具有商业或社会价值的实际应用。

第三章

专利信息的检索

专利信息检索是一个在开展研发、决策、商业化等过程中，获取、查找与利用专利信息的过程，是寻找已经授予或申请的专利文献以获取相关信息的过程。专利信息检索对于创新者、研究人员和企业来说至关重要，它可以帮助发明者确定自己的创新是否具有新颖性和独特性，也可以帮助企业做出更好的战略决策，例如避免无意间侵犯他人的专利权，或找出潜在的技术或商业机会。

专利信息检索是一个系统性的过程，它需要明确的目标、合适的工具和策略，以及细致的评估和分析能力。以下是专利信息检索的详细步骤：

1. 定义检索问题：首先明确你要解决的问题或获取的信息。确定你的检索目标是什么，是寻找特定技术领域的专利，还是查找特定发明者的专利作品。

2. 确定检索策略：根据定义的检索问题，制定相应的检索策略。选择适合的专利数据库或检索工具，例如专业的专利检索数据库、搜索引擎的专利搜索功能等。同时，确定检索词，这可能包括技术术语、产品名称、发明者姓名、专利分类号等。

3. 进行检索：在选定的数据库或工具中，输入你事先确定的检索词。根据你的检索策略进行查询,系统将返回与检索词相关的专利文献列表。

4. 评价和分析检索结果:浏览检索结果列表,评估每个专利文献的相关性和重要性。你可能需要点击每个专利以查看详细信息,包括专利摘要、权利要求和附图。筛选出最相关和有价值的专利文献。

5. 进一步检索和反复优化:根据初步检索结果,你可能会发现一些新的关键词、发现更多相关专利,或者需要调整检索策略。反复进行检索和优化,以确保你获取全面而准确的专利信息。

6. 查看法律状态:专利文献中通常包含了专利的法律状态信息,如是否已授权、是否维持有效、是否被诉讼等。了解专利的法律状态有助于你判断其价值和风险。

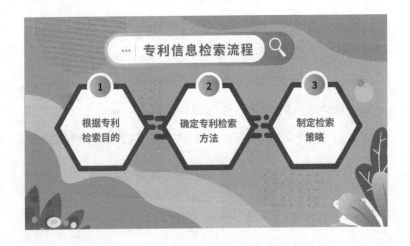

7. 导出和记录信息：根据需要，你可以将检索结果导出成报告或记录，以便进一步分析、整理和分享。

8. 持续监测和更新：技术和市场都在不断变化，所以持续监测新的专利文献和更新信息是保持竞争力的重要一环。

**情境体验**

假设你是一家科技公司的研发主管，领导着一个富有创新精神的团队，最近成功开发出一种革命性的新型充电技术，这项技术可以大幅提高电池充电速度，同时降低能源损耗。在这个科技风潮中，你和团队都非常兴奋，因为你们知道这项创新有着巨大的市场潜力。

然而，在踏上专利申请的道路之前，你深知，在知识产权领域，前瞻性和谨慎是必不可少的。你希望在提交专利申请之前，确认你的充电技术是否已经被他人专利保护，以避免侵权纠纷。

为了实现这一目标，你决定利用专利检索工具来查找与你的新型充电技术相关的专利文献。首先，你明确了检索问题：你想要找到与你的充电技术相关的专利。然后，你制定了检索策略，选择使用国家知识产权局的专利检索系统，以及搜索引擎的专利搜索功能。

在进行检索后，你可能会得到数十篇甚至数百篇与充电技术相关的专利文献。这时,你需要仔细评价和分析这些文献,以确定它们是否与你的技术有任何关联。例如,你可能会发现一些专利描述了类似的充电方法或者相关的电池技术,这可能暗示着这些技术已经被他人专利保护。这不仅提示你需谨慎避免可能的侵权风险,还可能启发你寻找创新的改进点。另一方面,如果你在检索过程中发现没有类似的专利,这可能意味着你的充电技术在知识产权领域是新颖的,可以作为创新的候选项目来提交专利申请。这将是你们团队进一步推进创新并确保知识产权保护的重要一步。

通过专利信息检索,你将能够更好地了解竞争环境、发现可能的合作伙伴,同时确保你的创新技术在法律框架内得到充分保护。这是你作为研发主管为公司取得成功、保护创新的不可或缺的关键步骤。

### 专利检索,如何做?

在这个繁忙的夜晚,小嘉依然在工作。他的目标是研发一款新产品,但是他发现,在专利的道路上,很容易发生冲突,或者说是"撞车"。这使得他心生感慨:"研发专利产品真的不容易，一不小心就可能和别人的专利发生冲突。"

这时，他的朋友喵酱走过来，建议他试试专利检索。小嘉感到有些疑惑，他问道："什么是专利检索？"喵酱耐心地向他解释说，"专利检索就是在大量的专利文献或者专利数据库中，通过数据或信息的特征，找出符合某一特定需求的专利文献或者信息。"

听到这个解释，小嘉皱了皱眉头，他说："我研发产品的时候，天天查找信息，可是一点也不轻松。"

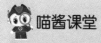

喵酱课堂

专利检索，作为一项高度技术性的任务，需要在多方面有所准备和了解，包括对技术的理解、检索经验的积累，以及对各类专利数据库的熟悉操作。这个过程可以看作是一场复杂的探索，要在海量的专利文献中找到与特定技术相关的珍贵信息。

在进行专利检索时，深刻理解目标技术领域的专业术语和技术特征是至关重要的。这需要检索人员具备扎实的技术基础，能够准确把握技术的前沿动态，理解专利文献中所使用的术语，并辨别其中蕴含的技术含义。同时，检索人员还需具备丰富的检索经验，了解各类检索工具和技术，以高效地过滤出符合要求的专利信息。

总体而言，专利检索是一项需要全面准备和多方面素养的复杂任务。只有通过对技术的深入理解、检索经验的

积累，并能熟练运用专业的检索工具，才能在浩瀚的专利文献海洋中迅速、准确地定位所需信息。

首先，明确专利检索的目的至关重要。你需要明确自己希望找到哪些类型的专利文献，是为了了解市场趋势、寻找技术合作伙伴，还是为了评估侵权风险等。这个目的会指导你后续的检索策略。

其次，制定检索策略是整个过程的关键。这包括选择合适的检索词和国际专利分类号（IPC 分类号）。检索词应涵盖技术的各个方面，可能包括相关关键词、发明者名字、公司名称等。IPC 分类号可以帮助你更精准地定位特定领域的专利。制定检索策略的过程是一个思维挑战，需要平衡广度和深度，以确保检索结果的准确性和完整性。

在确定检索策略后，你需要选择适合的专利检索系统。不同的数据库提供不同的检索功能和文献覆盖范围，你可以根据需要选择合适的数据库进行检索，例如使用国家知识产权局专利检索系统及分析平台、SooPAT 专利检索平台、IP 南方中心公共服务平台或者专业的商业数据库。

进行专利检索后，你可能会得到大量的检索结果。这时，需要不断地调整检索策略，以优化结果。你可以尝试添加或删除关键词，调整 IPC 分类号，以及使用各种高级检索功能来缩小结果范围。

最终，你将得出一系列检索结果，这些结果需要经过筛选、评估和分析。你需要判断每篇专利文献与你的目标是否相关，是否有价值。这个过程中可能需要仔细阅读专利摘要、权利要求等信息。

专利检索是一项技术活，需要综合运用技术知识、检索经验和数据库操作技能。通过明确目的、制定策略、选择数据库、进行检索、调整策略和分析结果，你将能够找到与你关注的技术领域相关的专利信息，为创新工作提供有力支持。

此外，熟悉各类专利数据库的操作是专利检索不可或缺的一环。不同数据库可能有不同的检索逻辑、词汇规范和检索算法，因此检索人员需要熟练掌握这些操作技能，以确保检索结果的准确性和全面性。精通专业的检索工具还能够提高检索效率，缩短检索时间，使整个专利检索过程更加顺畅。

小嘉对此表示了疑惑，他问："那我平时应该在哪些专利数据库搜索资料？"喵酱向他推荐了IncoPat（全球科技分

析运营平台）、德温特（Derwent Innovation Index，DII）和
壹专利这三个专利检索数据库。

IncoPat 是一个全球科技分析运营平台，它收录了全球 158
个国家/组织/地区的 1.7 亿多件基础专利数据，对 22 个主要国
家的专利数据进行特殊收录和加工处理。英文著录信息以及部
分小语种的标题和摘要信息，都有预先翻译成中文的版本，方便
中英文检索和浏览全球专利。

德温特则是基于 Web of Science 的专利信息数据库，收录
了全球 41 个专利机构超过 1 800 万条基本发明专利和 3 890 多
万条专利情报。它可以为研究人员提供世界范围内的化学、电
子电气以及工程技术领域的全面信息。

知识产权⑤讲

　　壹专利数据库收录了全球超过 105 个国家、地区及组织的 1.5 亿条专利数据，更新及时，可以满足专利分析项目管理、自建个人专利库、竞争对手专利情报自动预警跟踪提示、团队合作作业、协同创新等各种工作需要。

　　然而，小嘉心里却有一个顾虑：专利检索似乎要花费不少钱。他发现这些专业的数据库都是要收费的，再看看自己的银行卡余额，有些失落，好像创新之路就要被高昂的费用设下的门槛阻拦。

　　看着喵酱，他不禁有些犹豫，轻声问道："就没有免费的方式可以进行专利检索吗？"

 **喵酱课堂**

　　在当今，科技迅速发展，专利信息是创新和发展的重要指引。了解已有的专利，掌握领域内的技术趋势，可以帮助创新者避免重复发明，借鉴前人经验，从而更好地前进。然而，对于许多初次涉足专利领域的人来说，付费的专业数据库可能显得不太亲民。不过，幸运的是，有许多免费的专利信息数据库可以供大家使用，为创新之路提供支持。

　　1. 中国国家知识产权局（CNIPA）官网：作为国内权威的专利信息来源，提供了丰富的免费专利信息检索服务，可以查找中国境内的专利文献，了解各个领域的技术进展。

2. 世界知识产权组织(WIPO)官网:为全球创新者提供免费的国际专利信息检索服务,称为"PATENTSCOPE"。可以使用关键词、国家、发明人等信息,跨越国界,获取全球范围内的专利信息。

3. 美国专利商标局(USPTO)官网:提供免费的专利信息检索平台,可以通过关键词、专利号、发明人等信息,在这里搜索美国境内的专利文献,了解相关技术创新。

4. 欧洲专利局(EPO)官网:提供名为"Espacenet"的免费专利检索工具,涵盖了许多国家和地区的专利文献。

5. 谷歌专利(Google Patents):免费的在线专利搜索引擎,可以搜索全球范围内的专利文献,并提供便捷的检索和筛选功能。同时提供对专利图纸的浏览和下载功能。

6. SooPAT 专利检索平台:免费的专利信息检索平台,可以使用关键词、IPC 分类号、发明人等搜索中国国内和国际的专利文献,并提供多种检索方式和筛选选项。

7. IP 南方中心公共服务平台:作为广东省知识产权公共服务平台,具备广东省内的专利信息查询功能,为创新者提供本地专利信息检索服务。

8. 深圳高校知识产权大数据平台[1]：由深圳市知识产权局建设的免费平台，囊括全球3 000多所高校的2 000多万条专利数据，提供丰富的专利信息和检索服务。

这些免费的专利信息数据库可以让你进行初步的专利检索，了解你的创新领域是否已经有相关的专利存在，从而为专利申请提供参考和支持。在使用这些平台时，你可以根据具体需求，选择合适的数据库和检索方法进行信息查询。

专利检索是一个系统性的过程，需要合理的策略和方法。以下是一些常用的专利检索方法，每种方法都有其特点和适用

---

[1] 深圳高校知识产权大数据平台（szu. edu. cn）：http://www. lib. szu. edu. cn/ipdata/#/

场景,根据你的研究目标和需求,可以选择合适的方法或将多种方法结合运用。表1简要展示了专利检索方法,涵盖了常用的检索方法和技巧,以帮助你更好地进行专利信息检索:

**表 1　专利检索方法**

| 方法/技巧 | 描述和应用 |
| --- | --- |
| 关键词选择 | 选择与你研究课题相关的关键词和术语，涵盖不同方面的技术和概念。 |
| IPC 分类号检索 | 使用 IPC 分类号来按照专利技术领域进行检索。 |
| 发明人/申请人/权利人 | 检索特定发明人、申请人或权利人的专利。 |
| 引用文献分析 | 查找引用某个特定专利的其他专利，分析相关技术发展。 |
| 同族专利检索 | 查找与同一专利家族相关的其他专利，获取更多关联信息。 |
| 时间范围限定 | 限定专利申请或授权的时间范围，获取特定时间段内的专利信息。 |
| 图像检索 | 使用专利图像或外观设计图进行检索，寻找与产品外观相关的专利。 |
| 通配符 | 使用通配符（、?）来代替字符，增加检索的灵活性和范围。 |
| 布尔运算 | 使用 AND、OR、NOT 等布尔运算符来组合关键词，精确控制检索结果。 |

以下展开介绍一些常用的专利检索方法：

1. 关键词检索法：使用相关的关键词来进行检索是最常见的方法之一。你可以根据你的研究方向和兴趣，选择与主题相关的关键词，并将其输入到专利检索系统中进行搜索。这种方法适用于初步的检索，帮助你找到与你的主题相关的专利文献。

2. 分类号检索法：国际专利分类号（IPC 分类号）是专利文献按照技术领域进行分类的标准。你可以选择与你的研究方向相关的 IPC 分类号，然后在专利数据库中搜索这些分类号，以找到与你领域相关的专利信息。

3. 引用文献检索法：在专利文献中，常常会引用其他专利文献，形成一种网络关系。通过查找某个已知专利的引用文献，你可以找到与之相关的其他专利。这有助于你深入了解某一领域的发展趋势。

4. 同族文献检索法：同族专利是同一项发明在不同国家或地区提交的专利申请，它们之间有着共同的技术内容。通过查找同族专利，你可以获取更多关于某项技术的信息。

5. 日期范围筛选法：如果你想了解特定时间段内的专利信息，可以通过设置日期范围来筛选检索结果。这有助于你追踪某项技术的发展历程。

6. 组合检索法：将多个检索方法进行组合，可以更准确地获取你想要的信息。例如，你可以同时使用关键词检索和 IPC 分类号检索，以获得更全面的检索结果。

在实际应用中，常常需要灵活运用多种方法，不断调整和优化检索策略，以确保获得最有价值的专利信息。同时，也要注意专利检索的一些技巧和技术，比如使用通配符、布尔运算等，来进一步精确地定位所需信息。

**喵酱知识点小结**

❶ 专利信息检索是获取、查找和利用专利信息的过程。

❷ 定义检索问题：明确需要查找的专利信息，确定检索目标，如特定领域、发明者等。

❸ 确定检索策略：选择适合的专利数据库和检索工具，制定检索词和分类号等检索策略。

❹ 进行检索：在选定的专利数据库中输入检索词，查找相关的专利文献。

❺ 评价和分析检索结果：对检索结果进行评价和分析，判断其与需求的匹配度。

❻ 专利数据库资源：有多个专利数据库供检索，包括付费数据库和免费数据库，如 IncoPat、德温特、壹专利、各国专利局官网、WIPO 官网、谷歌专利、SooPAT 专利检索平台等。

❼ 检索方法：选择合适的检索词和分类号，使用布尔逻辑、通配符等技巧进行高效检索。

❽ 专利检索的应用：帮助发明者评估创新的新颖性和独特性，引导企业战略决策，避免侵权，发现技术和商业机会。

❾ 专利信息对研发和商业化的意义：专利信息检索有助于科研人员确定技术前沿，避免冲突；有助于企业保持竞争优势，规避法律风险；有助于发现潜在市场机会和创新方向。

## 第四章

专利的申请与授权

在创新的浪潮中,专利的申请与授权是创新者们追求卓越技术并保护其成果的重要一环。在专利的海洋里,每一份申请都蕴藏着创新者的心血和智慧,而每一次授权都是对其努力的最好回报。在这一章节中,我们将深入探讨专利申请的步骤与要点,了解不同类型的专利及其特点,以及专利授权的三性(实用性、新颖性和创造性)审查,为创新者们揭开知识产权保护的神秘面纱。让我们跟随创新者们的脚步,探索创新与保护的平衡之道。

专利的申请与授权是知识产权领域中至关重要的环节,涉及创新保护、技术分享和市场竞争等多个层面。申请专利是创新者保护其技术成果免受侵权的重要手段,同时也是创新社会化的一种方式。专利授权则确认了创新的法律保护地位,使得专利权人能够合法地在一定时间内独享其创新成果,从而鼓励技术创新和经济发展。

## 专 利 申 请

专利申请是发明者或其指定代表将其创新成果提交给专利局的过程,要求专利局对其进行可专利性检查。假设你发明了一种新型的电池技术,可以通过制定明确的权利要求和提供详细的技术描述,将该发明提交给专利局进行申请。专利申请是保护发明创新的法律手段,也是在商业化过程中确保技术优势的关键步骤。通过成功获得专利,发明人或企业可以在市场上建立竞争优势,防止他人未经授权使用其技术。

以下是专利申请的主要步骤和要点:

1. 创新性的发现:在进行专利申请之前,发明人需要确保其发明是创新的、新颖的,并且在先前的技术水平上具有独特性。这可以通过文献调研、专利检索和技术分析等手段来确认。专利检索是申请阶段的重要环节,创新者需要了解现有技术,以确保自己的创意是独特的。

2. 选择专利类型:根据发明的性质,选择适当的专利类型,包括发明专利(针对新的、非显而易见的技术解决方案)、实用新型专利(关于产品形状、结构或其组合的改进)、外观设计专利(关于产品外观的新颖性设计)。

3. 制作专利申请文件:编写详细的专利申请文件,其中包括发明的描述、权利要求(定义发明范围)、附图(对发明进行图解)、摘要等。专业的专利律师或代理人通常会协助申请者制作这些文件,以确保其符合专利法的要求。

4. 提交专利申请:将制作好的专利申请文件提交给国家专利局或其他授权机构。在提交后,专利局将对申请进行初步审查,检查是否符合法定要求。这一过程要求准确表达创新点,阐明技术在现有知识中的差异，以及在实际应用中的具体效益。

5. 专利审查和答辩：如果初步审查通过，专利局将进行详细的审查。申请人可能需要就审查过程中提出的问题进行答辩，以确保专利能够获得批准。

6. 专利授予：如果专利局认为发明满足所有法定要求，将颁发专利证书，授予专利权。专利权的期限通常为 20 年，但对于实用新型和外观设计专利，期限可能较短。

7. 专利权维持：在专利权有效期内，申请人需要按照规定的程序和期限，支付相关费用并遵守专利法的要求，以确保专利权的有效性。

# 专 利 授 权

专利授权是专利局审查员在审查完发明者的专利申请后，确认该发明符合专利法的规定，因此对其进行授权，给予专利权的过程。审查员会在审查过程中仔细考察创新的实用性、新颖性和创造性，确保其达到专利授权标准。一旦获得专利授权，发明者就成为专利权人，发明者获得了对该技术的独占权，可以禁止他人在专利权有效期内未经许可使用、制造、销售或引入该技术。

专利申请和授权的过程中，创新者需要仔细准备申请材料，明确创新的范围和应用领域，以便确保专利权的有效性和权益的保护。同时，专利权的有效期限对创新者而言也具有重要意义,不同类型的专利在不同时间内具有不同的保护期,创新者需根据实际情况进行选择和管理。

总之,专利的申请与授权是创新者在追求卓越技术和市场竞争中的关键一环。通过专业化的申请和严格的授权流程,创新者能够在知识产权保护体系中获得有力支持,进一步推动科技进步和经济发展。

在整个申请和授权过程中,还有一个非常重要的环节就是我们在第三章介绍的专利检索和审查。这一过程中需要查阅大量的资料,确认申请的专利是否具有实用性、新颖性和创造性。如果发现与申请的专利类似或者相同的技术,审查员会拒绝对该专利进行授权。因此,发明者在提交专利申请之前,通常需要进行详细的专利检索,确保其发明是新颖和独特的。

## 创新道路上的挫折

小嘉兴致勃勃地投入自己新产品的研发中,然而,创新的旅途并不总是一帆风顺。在喵酱的帮助下,小嘉审视着自己的设计图,渐渐发现可能触及他人知识产权的风险。"这个设计可能会引起侵权问题,那个部分好像已经有了……"幸好喵酱帮助他发现了一系列可能存在的知识产权隐患。

这个过程对小嘉来说是一场思维上的冲击,他的创意和设计受到一次次考验。挫折感涌上心头,创新的火花仿佛一次次被知识产权的屏障扑灭。小嘉感到沮丧,他的创意也在一次次的碰撞中受挫。"为什么总是碰到这些问题!"小嘉无法抑制失落之情。看到他的困扰,喵酱拍着他的肩膀,轻声说:"小嘉,每一位创新者在追逐梦想的道路上都会遇到挑战。挫折并非终点,而是通往成功的必经之路。让我们一起克服这些知识产权的障碍,为你的创意保驾护航。"他们深入研究市场上已有的相关专利,分析其中的技术细节和创新亮点,以避免侵权风险。小嘉也学会了在创新设计中保持灵活性,通过巧妙改进,避开可能侵犯他人专利的地雷区。

最终,小嘉在与喵酱的合作下,成功地完成了知识产权的挑战。他学到了在创新过程中谨慎行事的重要性,同时也意识到了知识产权保护对于创业者的价值。这段经历不仅让小嘉的创意得到了更好的发展,也为他未来的创业之路奠定了坚实的基础。

小嘉渐渐认识到,创新想法首先源于发明人的思维和灵感。当他着手深入了解技术的知识产权归属,也开始领悟到专利所需的背景技术。深夜里,他坐在书桌前,埋头撰写技术交底书。键盘上的敲击声像火花一样在黑夜中绽放，技术交底书成为发明人详细描述技术方案的文书，通过清晰展示方法的步骤、背景知识和具体实现，将创意完整呈现。

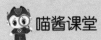 喵酱课堂

技术交底书（Technical Disclosure Document）是在专利申请过程中，发明者向专利申请机构详细描述其技术创新内容的文书。它是专利申请的重要组成部分，用于向专利审查员阐述发明的技术细节、特点、优势以及其在相关领域中的应用。

技术交底书的主要目的是清楚地传达发明的实质，以便审查员能够理解并评估发明是否满足专利法的要求，例如新颖性、创造性和实用性。交底书需要准确、清晰地描述发明的原理、构造、功能，以及在技术领域中的具体应用。它通常包括以下主要内容：

1. 背景技术：描述与发明有关的现有技术、问题和限制。这有助于为审查员提供发明的背景，并突出发明与现有技术的差异和创新之处。

2. 发明的详细描述：对发明的构造、组件、步骤等进行详细描述，包括技术的实施方式和示意图。这是交底书的核心内容，需要具体而准确地表述发明的各个方面。

3. 权利要求：以明确的法律术语对发明的范围进行界定。权利要求是发明专利的保护范围，需要精确描述发明的元素和特点。

4. 摘要：对发明的简要概述，通常在专利文本的开头部分。摘要能够为读者提供一个快速了解发明内容的途径。

技术交底书在专利申请过程中扮演着关键角色。一份清晰、详尽的技术交底书能够帮助审查员理解发明的实质，有助于提高专利审查的效率和准确性。其不仅需要充分传达发明的创新性和应用价值，还需要避免过于模糊或不清楚的表述，以免在专利审查中遭遇拒绝或驳回。因此，编写技术交底书需要结合科技专业知识和专利法律知识，以确保内容既科学严谨又准确。以下是一个简化的案例，可以帮助你更好地理解技术交底书的构成和注意事项。

## 案例：新型可折叠自行车设计

小明是一位热爱骑行的工程师，他设计了一种新型的可折叠自行车，以解决城市居民在有限空间存储自行车的问题。他决定申请专利来保护他的创新设计。

1. 技术交底书的构成：

（1）标题和领域：

－标题应该明确而简洁，如"可折叠自行车设计"。

－领域部分包括技术属于哪个领域，比如"交通工具领域"。

（2）背景：

－介绍可折叠自行车的市场需求和现有解决方案的局限性。比如引入市场上自行车使用的普遍性，同时指出传统自行车在城市生活中存放和携带的不便之处。

－描述发明的动机和意图。例如市场对更便携、可存放的自行车的需求。

（3）发明内容：

－具体描述新型可折叠自行车的设计，包括结构、材料、组件等。

－强调与现有自行车设计的区别和创新之处。

（4）实施例：

－提供一个或多个实施例，展示如何制造和使用该可折叠自行车。

－包括详细的制造步骤、关键部件的功能等。

（5）附图：

－插入详细的图示，展示可折叠自行车的外观和结构。

－图中应标注关键部件和功能。

（6）权利要求：

－提供明确而具体的权利要求，定义专利权的范围，例如，"一种可折叠自行车，其特征在于……"

2. 注意事项：

（1）清晰度和详细性：

－应该清晰、详细，确保读者理解发明的全貌。

－避免模糊或过于宽泛的表述。

（2）避免遗漏：

－确保所有关键特征和创新都得到充分描述，避免遗漏重要细节。

（3）语言规范：

－使用明确、规范的技术语言，以便专利审查人员准确理解发明。

（4）图示的重要性：

－附图是技术交底书的关键组成部分，应当清晰、准确地展示发明的结构和功能。

（5）权利要求的精准性：

-权利要求部分要具备精准性,确保不容易被绕过。

以上案例涉及一个简化的新型自行车设计,实际情况可能更加复杂。在编写技术交底书时,发明人应该结合具体发明的特点和创新点,确保全面、清晰地呈现发明的技术方案。

终于,小嘉站在专利申请机构的门口,准备将他的努力和创新成果付诸申请。深呼吸后,他迈出了坚定的一步。这一切,都是为了等待已久的专利申请和授权。

专利的审查过程非常关键。在审查过程中,任何产品的新颖性、创造性、实用性和商业价值都会得到定义。审查机构会决定专利是高价值专利、一般专利，还是予以驳回。

隔了一段时间，小嘉还是没收到通知，他的心情变得忐忑不安，一想到自己的产品可能会被判定为不合格，脸色就变得苍白。他颤抖着声音自言自语："材料都已经递上去了，这么久没有回复，难道，我的努力都失败了吗？"

喵酱上前安慰小嘉："审查流程并不会那么快，发明专利需要经过申请、受理、初审、公布、实质审查请求、实质审查和授权这一套流程。而实用新型专利和外观设计专利则没有实质审查请求和实质审查这两个步骤。"

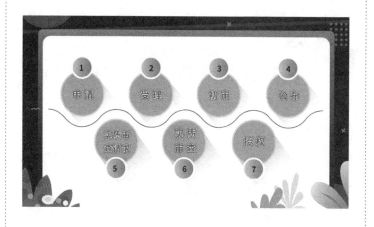

喵酱解释说："专利授权需要经过三性审查，包括实用性、创造性和新颖性。实用性是指该发明或实用新型能够

制造或使用，能够解决现实问题，并产生积极效果。创造性是指与现有技术相比，该发明具有突出的实质性特点和显著的进步。新颖性则要求该发明或实用新型不属于现有技术，不能与他人已申请的专利重复。"

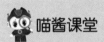 喵酱课堂

专利授权的三性审查是指发明专利申请在审查过程中需要满足三个方面的要求，分别是实用性、创造性和新颖性。这三个方面的审查是确定专利是否符合专利法律规定的重要标准，确保授予专利的发明具有实际应用价值、创新性和独特性。

1. 实用性审查：实用性是指发明具有实际应用价值，能够在工业或者其他领域中得到应用并产生积极效果。在实用性审查中，审查员会判断发明是否能够解决实际问题，是否有实际可行性。如果发明是不切实际的、无法应用的，可能会被认定为不具备实用性。

专利法要求专利的申请内容必须是具有实际可行性的技术方案，不能是纯理论的抽象概念。例如，一个完全无法实际制造或使用的虚构设备是不具备实用性的。又例如，

如果某人申请了一项声称能够实现时间旅行的发明，而没有提供足够的证据表明这个想法在现实中是可行的，那么这个发明就会被认为缺乏实用性。

2. 创造性审查：创造性是指发明相对于现有技术具有显著的技术进步，即与现有技术相比，它不能是显而易见的或属于常识范围内的改进。创造性审查要求审查员评估发明是否对现有技术有足够的创新，以至于不会被普通技术人员轻易地想到。如果发明仅仅是对已有技术的简单组合或明显变化，可能会被认为缺乏创造性。例如，如果某人仅仅通过常规的设计和修改，将一个已有的产品稍做变化并申请专利，这个发明可能就会被认为缺乏创造性。

3. 新颖性审查：新颖性是指发明在提交申请之前，没有在任何公开的技术文献中被披露过。在新颖性审查中，审查员会检查发明是否已经存在于现有技术中，无论是在专利文献、学术论文、产品说明书还是其他公开的信息中。如果发明已经被他人公开披露，可能会被认定为不具备新颖性。例如有人在 2020 年申请了一项关于特定化学反应的专利，但在审查中发现，该化学反应早在 2018 年的一篇科学论文中已经被详细描述。在新颖性审查中，这个发明可能会被认为不具备新颖性，因为相关技术已经在之前的文献中公开。

　　这三个审查方面的评估是专利授权的重要环节。发明人在申请专利之前，需要仔细考虑发明的实际应用、创新性以及是否与已有技术重复，以确保申请的专利具备被授权的条件。审查员会通过检查交底书、现有文献和技术细节，来判断发明是否满足这三个审查标准。只有在通过了实用性、创造性和新颖性审查后，专利申请才有可能获得授权。

**情景体验**

　　某人申请了一种新型的医疗设备，声称它可以实现更快速、更精确的疾病诊断。在审查过程中，专利审查员会考虑以下问题：

实用性：该医疗设备是否能够真正用于疾病诊断，是否能够在实际临床应用中产生可辨认的效果。

创造性：该医疗设备的设计和功能是否超越了已有的医疗设备，是否属于技术领域中的突出创新。

新颖性：在专利数据库中是否已经存在与该医疗设备非常相似的技术或设备，即是否在公开文献中已经被披露。

如果该医疗设备在实用性、创造性和新颖性三个方面均满足要求，那么专利可能会被授权。但如果有任何一个方面存在问题，申请人可能需要提供更多的证据或进行进一步解释，以使专利申请通过审查。

## 发明 VS. 发现

"发明"和"发现"是知识产权和创新领域中两个重要而又常用的概念，它们代表着不同的创造性活动和智力成果。这两个词虽然有时在日常语境中会被混淆使用，但在知识产权法律以及创新研究中，却有着明确的定义和区别。

"发明"是指通过独创性的思考和创新性的实践，创造出新的技术方案、产品或方法。发明的核心在于创造性地解决问题、填补技术空白,通常需要进行深入的研究和实验。发明的结果是一个全新的创新,其价值在于对现有技术的推动和完善。专利制度为发明者提供了保护和回报,鼓励他们投入创造性的劳动。假设有一位科学家开发出一种新型的医疗器械,通过精密的设计和新颖的工作原理,能够在手术中大幅减少创伤。这个技术是通过长时间的研究和创新性思考后实现的成果,解决了手术领域的问题,因此被认为是一个发明。

"发现"是指揭示已存在于自然界的事实、现象或信息,而不是通过创造性构建而来。发现通常是通过观察、实验和研究已有事物,从而深入理解其本质。发现是对已有知识的认知和阐述,通常不涉及新的构建或设计。比如一位考古学家在一片古代遗址中发现了一批古代文物,这些文物揭示了古代社会的生活方式和文化特征。这个过程是通过研究、挖掘和分析已有的遗迹,从而揭示了历史事实,被认为是一种发现。

在实际应用中,"发明"和"发现"这两个概念可能会相互交织,因为许多发明都建立在已有的知识和发现基础之上。然而,它们的区别在于是否涉及创造性的构建。发明需要创新性地构建新的解决方案,而发现是认知已有的现实和事实。这两者的区别在于其在知识创新和知识传播中的角色和作用。

**喵酱知识点小结**

❶ 专利申请：将创新成果提交给专利局的过程，需要填写申请表，提供详细描述、权利要求、附图和摘要。

❷ 申请类型：专利分为发明专利、实用新型专利和外观设计专利等，各类型有不同的申请流程和审查要求。

❸ 专利授权：专利授权是经过审查后，专利局确认申请符合专利法规定，授予专利权的过程。

❹ 审查标准：专利授权需要符合实用性、创造性和新颖性的三性审查要求。

❺ 专利类型：发明专利、实用新型专利、外观设计专利的区

别和适用领域。

❻ 专利申请流程：申请、受理、初审、公布、实质审查请求、实质审查和授权等。

❼ 三性审查：实用性、创造性和新颖性的专利授权审查标准。

❽ 专利的保护范围：专利权人可控制他人的制造、使用、销售等行为。

第五章

专利的运营

在知识产权领域,专利不仅仅是技术创新的象征,更是企业竞争力的体现。拥有专利并不仅仅意味着获得荣誉和权益,它还具有广泛的商业应用和转化价值。在这个充满创新和商业机会的世界里,专利的运营成了一个关键的环节。本章将深入探讨专利的运营过程,揭示其中的商业智慧和战略考量。从技术成果到商业利益,让我们一同进入专利的运营领域,探索创新的商机。

小嘉在收到自己的专利证书时,心中充满了激动和喜悦。他紧紧拥抱了他的朋友喵酱,兴奋地转圈。如果没有

喵酱一路的指导,他可能无法成功地申请到专利。然而,喵酱提醒他,专利证书并不是终点,而是另一段旅程的起点,这段旅程被称为专利运营。

 喵酱课堂

专利运营是指对专利权进行有效的管理、利用、推广和保护,以实现最大经济效益和市场竞争力的一系列活动。专利运营的目的是通过专利的创造、布局、运筹、经营等手段,将专利嵌入企业的产业链、价值链和创新链的运作过程中,从而实现专利市场经济价值的最大化,促进技术的商业化和产业的发展。简单来说,专利运营就是将专利转化为经济价值,获取利益,实现盈利。

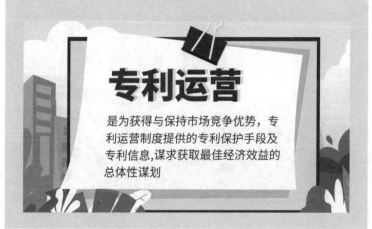

专利运营

是为获得与保持市场竞争优势,专利运营制度提供的专利保护手段及专利信息,谋求获取最佳经济效益的总体性谋划

专利运营的模式有很多种，包括专利转让、专利拍卖、专利许可、专利池、专利托管、技术转移、专利维权、产学研合作、专利展示与交易等。其中，专利转让和专利许可是两种最常见的模式。通过这两种模式，企业可以将自己的专利权进行转让或者许可，从中获取利益。

1. 专利转让（Patent Assignment）：这是一种将专利权从专利权人手中转移到另一方的模式。转让可以是完全的，也可以是部分的，涉及特定地理区域、用途等。通常以购买费用作为交换，转让方将专利权完全移交给受让方。这使受让方能够完全控制专利，包括实施、许可和扩展。专利转让在快速变现、减轻专利维护成本或专注于其他核心业务时很有用。

2. 专利许可（Patent Licensing）：在专利许可模式下，专利权人授予他人一定的使用权限，以实施、制造或销售与专利相关的产品或技术。许可可以是独占的（只授予一方）或非独占的（多方得到许可）。许可通常需要支付许可费用作为权利使用的代价。这种模式适用于希望保留专利权同时获得持续收入的情况。例如，一家发明了某种新型材料的企业，可以将该新型材料的使用权许可给其他企业，然后从中获取许可费。

3. 专利拍卖（Patent Auction）：这是一种将专利通过拍卖方式出售给最高出价者的模式。拍卖可以是公开的，也可以是私下的，由专利持有人或专利经纪人组织。拍卖可以吸引多个买家，有助于获得最有利的价格。专利拍卖适用于寻求市场价值的专利，也可以是企业破产或清算时出售专利的一种方式。

4. 专利池（Patent Pool）：专利池是多个专利权人合作形成的一种联盟，联盟成员共同管理和许可其专利，以促进技术互操作性和市场竞争。专利池常见于标准必要专利，如通信技术中的标准。成员通过相互授权，降低专利许可的交易成本，并推动技术的广泛应用。

5. 专利托管（Patent Holding）：这是一种将专利权保留并授权给第三方实施的模式。专利持有人通常不直接实施专利，而是寻求合作伙伴来开发和推广相关技术。这种模式可以减轻专利实施和市场推广的风险，同时获取许可费用。

6. 技术转移（Technology Transfer）：这是一种将技术从一个实体转移到另一个实体的模式，不仅包括专利权，还包括技术知识和专业知识。技术转移可以通过许可、合作、合资等方式进行，帮助加速技术的商业化应用。

7. 专利维权（Patent Enforcement）：这是确保他人不侵犯专利权的模式。专利权人通过法律手段追求侵权方赔偿或停止侵权行为，保护其专利权益。

8. 产学研合作（Industry-University-Research Cooperation）：这是促进产业、学术界和研究机构之间合作的一种模式，以共同开发和商业化技术创新。

9. 专利交易（Patent Marketplace）：专利交易是指专利权人通过出售、转让或者许可的方式，将其专利权利转让给他人，以获取经济利益。比如，在许多专利交易平台上，企业可以购买或者销售专利权，或者进行专利许可交易。在专利的转移转化过程中，需要注意的是，专利的转让或者许可必须遵循相关的知识产权法律和法规，否则可能会导致专利权的无效或者产生其他的法律责任。

在选择专利运营模式时，企业需要根据自身的战略目标、专利组合、市场需求和竞争环境等因素进行权衡和决策。不同的模式有不同的优势和风险，企业应根据实际情况进行选择，并在专业的法律、商业和技术指导下进行专利运营活动，以实现商业价值最大化。无论选择哪种模式，专利运营都是需要深思熟虑的，关系到企业的长远发展和创新战略。

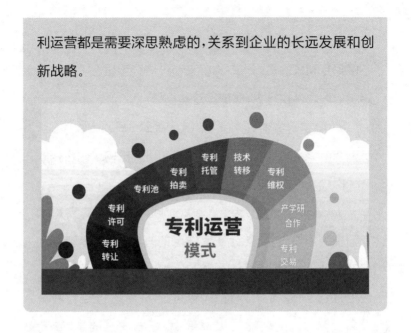

## 专利运营 VS. 专利转移转化

专利运营和专利转移转化是知识产权领域中两个重要且密切相关的概念，但它们在目标、策略和过程上存在着一些区别。

1. 专利运营：指对已有专利组合的管理和优化，以实现最大化的商业价值和竞争力。它主要关注如何在企业内部充分利用专利资产，从而增加公司的技术优势、市场份额和利润。专利运营的重点是如何在不同领域内进行专利的战略分析和布局，以支持公司的技术发展和创新。这可能包括专利组合的定期评估、剥离无关专利、探索新的技术应用等。

2. 专利转移转化：将技术创新转化为商业价值的过程。它涵盖了从专利的产生、申请、授权到商业化的全过程。专利转移转化不仅仅是内部的专利管理，更强调将技术从实验室引入市场，实现商业化应用。这可能涉及技术的许可、销售、合作伙伴关系建立、技术转让等，以将专利资产转化为实际商业机会。

因此，专利运营关注的是如何管理和优化已有的专利组合，以支持企业的内部发展和竞争力提升。专利转移转化则更注重将技术创新转化为商业价值，通过外部合作、市场推广等手段将专利资产变现。这两个概念在企业的知识产权战略中都具有重要的作用，能帮助企业更好地管理和利用技术创新。

专利运营的本质在于实现对市场的控制，这远不仅仅是对创新成果的保护。类似于菜园子，拥有了围栏和镰刀，不仅可以防止别人偷走自己的菜，还能够更有效地收获自己的菜。专利在商业领域的作用类似，通过专利的运营，企业可以更好地掌控市场，从而实现可持续的盈利和发展。

菜园子中的围栏可以视为专利所形成的法律壁垒。专利权授予了创新者对其发明的独占权,阻止了他人在特定时间内以相同的方式使用、制造或销售该技术。这就使得创新者能够在市场上建立起竞争优势,不用担心被其他竞争者轻易模仿。类似地,围栏也可以阻止不法者的侵犯,确保创新者的权益得到保护。

而镰刀则象征着专利运营的能力。像收割庄稼一样,企业可以通过专利运营来收获市场上的商机和利润。通过合理的专利许可、转让或合作,企业可以将自己的技术投放到市场中,实现收益的最大化。同时,企业还可以与其他市场参与者建立合作关系,进一步拓展市场份额和影响力。

专利运营的目标不仅是保护创新成果,还是在竞争激烈的商业环境中,通过控制市场来实现商业目标。就像精心管

理的菜园子能够提供可观的收成一样，精明的专利运营可以为企业带来持续的创新回报。综合考虑专利的法律壁垒和商业运营，企业便可以更好地引导市场的方向，实现自身的战略目标。

---

**专利运营推动知识产权创新与产业化**

**案例一：Raisio 公司与高智发明的合作**

Raisio，一家芬兰的饲料和乳制品厂商，在其牛饲料领域拥有独特的技术。通过与专业的知识产权运营机构高智发明的合作，Raisio 公司成功挖掘并布局了一系列牛饲料相关的发明专利，有效提高了技术准入门槛。此外，通过成立合资公司 Benemilk，其将技术推广扩展到全球，实现了技术的商业化。这一案例强调了专业运营机构在知识产权领域的重要性。

**案例二：MEMS 专利的成功转化**

在 MEMS 技术①发展初期阶段，一所美国大学的专利成为推动其产业化的关键。通过正式运营渠道和非正式运

---

① MEMS(Micro-Electro-Mechanical Systems)技术是一种微电机系统技术，是在微米和纳米尺度上集成机械元件、传感器、执行器和电子元件的交叉学科领域。这项技术将微观机械结构与微型电子技术相结合，创造出能够感知、处理和控制物理量的微型系统。

营渠道的结合，该专利成功应用于多家公司，推动了 MEMS 技术的发展。通过正式授权、咨询服务和实验室交流，技术实现了在多个领域的广泛应用。

通过以上案例，我们可以知道，在知识产权运营的道路上，应当充分认识到正式渠道（如专利许可）仅是科技成果转化的一部分，技术开发、咨询服务等同样至关重要。对于企业与高校的合作，可以建立实验室、搭建知识交流平台，促进双向的知识溢出效应。重视产品化能力和开放性，能够促使创新链与产业链更加紧密衔接，实现科技成果的快速验证。此外，专业的知识产权运营机构在提高技术准入门槛和推动技术商业化方面发挥着重要作用，也会为企业和高校带来更多商业机会。

## 高价值专利运营

高价值专利运营在专利管理中占有显著地位，其核心在于寻找或培育适合进行专利收割的市场，紧随其后是对专利精心打磨，使其成为一把精准的收割工具。在中国，高价值专利运营被明确定义为一种战略性举措，以提升企业的竞争力、创新能力和商业价值。

高价值专利运营的核心任务之一是发掘战略性新兴产业的发明专利。这些专利通常涉及新兴领域，具有创新前景和巨大商业潜力。企业需要深入洞察市场需求，理解技术趋势，为专利打造一个有前景的市场。同时，在海外拥有同族专利权的发明专利也被视为高价值专利。这表明该专利在国际市场上具有竞争优势，企业可以通过拓展国际市场实现更高的商业价值。

高价值专利还包括那些维持年限超过 10 年的发明专利。这类专利经过长期验证，这证明了其技术稳定性和商业价值。此外，实现较高质押融资金额的发明专利也被纳入高价值范畴。这显示出专利已经得到金融机构的认可，具备较高的商业价值和资产回报潜力。获得国家科学技术奖或中国专利奖的发明专利也被视为高价值专利。这些专利在国家级别上得到了认可，充分展示了其创新性、实用性和社会价值。

高价值专利运营注重在专利管理中挖掘和提升具有商业价值的专利，以实现企业的战略目标。通过选取具备前景的市场、维护稳定的技术、扩展国际市场、获得金融支持和获得国家认可，企业可以以高价值专利运营实现创新成果的商业价值最大化。

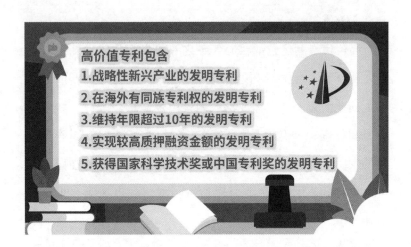

高价值专利包含
1.战略性新兴产业的发明专利
2.在海外有同族专利权的发明专利
3.维持年限超过10年的发明专利
4.实现较高质押融资金额的发明专利
5.获得国家科学技术奖或中国专利奖的发明专利

　　小嘉听完喵酱关于专利运营的深入解释后,对这一领域有了更为深刻的了解。他明白专利运营并不仅仅是专利申请,而是一个复杂而关键的过程。这一过程需要全方位的准备和精心的策划。他意识到,专利并非终点,而是开启商业成功之路的一把钥匙。因此,他决定在专利运营的道路上更深入地学习和探索。

　　发明创造是一条漫长而充满挑战的道路,尽管前路漫漫,小嘉对未来充满信心,因为他有了像喵酱这样经验丰富的朋友作为导师,相信自己可以在这个领域越走越远。这个指导者将为他提供宝贵的建议和实用的经验,帮助他在专利运营的复杂迷宫中找到正确的方向,从而为自己的创新努力创造更为广阔的前景。如同明灯指引航船,知识产权为他的创业之旅照亮了前方的道路。

 **喵酱知识点小结**

❶ 专利运营和专利转移转化的意义:专利运营是将已有专利组合管理和优化,以实现商业价值和竞争力的过程。而专利转移转化则强调将技术创新转化为商业价值,包括从专利的产生、申请、授权到商业化的全过程。

❷ 专利运营的模式:介绍了多种专利运营模式,如专利转让、专利拍卖、专利许可、专利池、专利托管、技术转移、专利维

权、产学研合作中介服务、专利交易等。这些模式帮助企业将专利转化为商业价值,实现经济利益。

❸ 专利转让:这是指专利权的所有权从一方转移到另一方。简单来说,这就像卖房子一样,专利权被出售给另一个人或组织。

❹ 专利许可:这是指专利权持有人(许可人)授权另一方(被许可人)使用其专利,通常需要支付一定的费用或者遵守某些条件。这并不像专利转让那样会改变专利权的所有权。

❺ 专利池:这是指几个公司将他们的专利集中在一起,形成一个"池子",然后其他公司可以付费使用这个"池子"中的任何专利。这对于涉及多个专利的复杂技术(例如手机或电视)非常有用。

❻ 专利托管:这是指一家公司管理和运营他人的专利,以实现专利的商业价值。托管人通常负责专利的管理、保护和商业化事宜。

❼ 专利维权:这是指专利权持有人采取法律行动保护他们的专利不被侵犯。这可能包括起诉侵权者,请求法院颁发禁令,或者要求支付赔偿。

❽ 产学研合作:这是指企业、大学和研究机构之间的合作,多方共同进行研究并开发新的技术和产品。这种合作可以促进专利技术的创新和运用。

❾ 高价值专利运营:发掘战略性新兴产业的发明专利、拥

有海外同族专利权的发明专利、维持年限超过 10 年的发明专利、实现高额质押融资的发明专利、获奖发明专利等，这些都是高价值专利的标志。企业可以通过高价值专利运营实现创新成果的商业价值最大化。

本书的编写旨在帮助读者深入了解知识产权的核心概念、重要性以及相关的实际运用。通过五个章节的系统介绍,我们探讨了知识产权的定义和构成,其在商业、科研和创新领域的关键地位,以及如何进行专利信息检索、专利的申请和授权,还有专利的运营和转化等方面的知识。目标是使读者能够更全面、深入地了解知识产权,从而更好地应用和保护自己的知识产权。

我们深入探讨了"什么是知识产权"这一基础问题。通过明确定义和详细解析知识产权的构成部分,相信你已对知识产权的整体框架有了清晰的认识。从专利、商标、著作权等不同层面,我们揭示了知识产权的多样性和综合性,为后续章节的深入讲解奠定了基础。

第二章深入阐述了"知识产权缘何重要"这一议题。通过详细的案例分析和行业应用,我们展示了知识产权在商业、科研和创新等多个领域的核心地位。保护知识产权对于激发创新活力、促进经济发展至关重要。通过本章的学习,可以对知识产权在社会进步中的作用有更加深刻的理解。

第三章中,"专利信息的检索"成为我们关注的焦点。我们介绍了如何使用专业的检索工具,从海量的专利文献中获取与特定技术相关的信息。这一章节的目的是帮助读者培养检索技能，为后续的创新和竞争分析提供必要的参考。

第四章我们详细讲解了"专利的申请和授权"过程，包括如何递交申请、通过授权审核，并传授了一些获取专利权的技巧。这一环节旨在指导读者更好地利用专利制度，保护自己的创新成果。

第五章，"专利的运营"，我们深入研究了专利的商业化路径，探讨了专利的转让和授权使用，以及如何将专利转化为实际商业价值。这一章节不仅是要帮助读者了解专利的灵活运用，也为创新者在商业领域获得成功提供了实际的指导。

通过本书，我们试图为读者展开知识产权这一复杂而庞大的领域的图景，使其变得更加容易理解和接近。通过全书的学习，相信读者也更好地理解了知识产权的内涵和作用，学会了运用相关工具和策略保护自己的创新成果。

知识产权是现代社会不可或缺的重要组成部分，对于促进创新、维护公平竞争、推动经济繁荣都有着不可替代的作用。知识产权不仅仅是企业的资产，更是推动社会进步的引擎。通过保护创新和知识创造，知识产权为发明家、创作者和创业者提供了应有的回报，鼓励他们不断追求卓越。从而，我们共同享有了技术进步、文化繁荣和经济发展的红利。

在这个信息爆炸的时代，知识产权的重要性更加凸显。数字化的时代为知识的传播提供了更广泛的平台，也给知识产权保护带来了新的挑战。如何在保护知识创造的同时，促进信息的分享和创新成了一个亟待解决的问题。这需要我们在法律、技术和伦理层面寻求平衡，以确保知识产权的制度能够适应时代的变革。

本书中，我们一直强调创新的重要性。创新是推动社会前进的动力，是经济增长的源泉。而知识产权作为保护创新的制度，在这个过程中发挥了关键的作用。然而，我们也要认识到在追求知识产权保护的过程中，平衡同样重要。在寻求创新的同时，我们不能忽视对公共利益的关注。知识产权制度要更加灵活，能够适应不同行业、不同国家的特殊情况。只有在保障创新的同时兼顾社会的整体利益，知识产权制度才能真正发挥其应有的作用。

知识产权的理念需要在社会中得到更广泛的传播和认知。只有当人们普遍认识到知识产权的重要性，才能够更好地支持和参与到知识创新的过程中。在这个过程中，教育发挥着关键的作用。学校、企业和社会组织应该共同努力，通过不同形式的教育活动，提高人们对知识产权的认识水平。通过广泛的教育，我们才能培养出更多创新者和创造者，推动社会不断向前发展。

希望本书能够成为读者对知识产权全面理解的起点，而不是终点。知识产权领域在不断发展和演变，未来将会面临更多的挑战和机遇。深圳大学知识产权信息服务中心（图书馆）和深圳大学知识产权创新与情报信息素养科普基地也将持续发挥作用，希望能够成为读者在这一领域探索的有力伙伴，为他们在知识产权的广阔领域中探寻更多可能性、发现更多机遇提供强有力的支持。